禅风佛韵 系列

冯学成 / 著

棒喝截流

人民东方出版传媒
People's Oriental Publishing & Media

东方出版社
The Oriental Press

总导言

古人说:"不如意事常八九,可与语人无二三。"为什么如意?为什么不如意?当然都会有其因果关系。孔子说:"不知命,无以为君子也。"庄子说:"知其不可奈何而安之若命。"古代圣贤把命放在心性的结构及其展开上来认识,教导人们把目光凝聚在心性的修为上,而不是成天去盘算命运的吉凶。故古圣贤说"只问耕耘,不问收获"。

我的人生道路,前大段可以说是非常地不如意,好在自己对这个不如意从来不放在心上。自打上山下乡开始,我主要的精力就放在对中国传统文化的学习和思考上。不论是儒家的、道家的,还是佛家的,学起来总是津津有味。用本光法师指导我的话来说:"要一切处建立学处,一切处坚持学处,一切处都是道场。"由于有这样的信念,几十年来,不论顺逆吉凶,我都将其当成道场,当作修养心性的地带。这当然有极大的好处,首先是自己的心性没有太多的阴暗面,另外,对古圣贤的典籍自感有不少会心之处。

我在 1969 年初当知青,1975 年初进监狱,直到 1982 年底才从监狱出来。次年接父亲的班,在成都一家商店先当搬运工,后当营业员。由于长期和本光法师、贾题韬老师学习,笔下也有一点基础,1988 年贾老推荐我参加了《四川省宗教志·佛教篇》的编撰。我用两年的时间,与朋友们一起完成了任务。因为对四川省佛教的历史大体了然于胸,于是着手编辑了《巴蜀禅灯录》一书,此书一出版,立即受到各界的好评,自己也从此走上了笔耕之路。

说来惭愧,自 1991 年开始,我陆续出版了《四季禅》、《生活中的大圆满法》(这两本书当时即被台湾购版发行)、《心灵锁钥》、《棒喝截流》(这两本书 2008 年由南方日报出版社以《心的世界》为名再版)、《明月藏鹭》、《云门宗史话》、《赵州禅师语录·壁观》等多部有关佛教禅宗的著作,但稿费可怜,还不够送书的。虽有弊,却也有利。1999 年,广东云门寺佛源老和尚到成都,为成都文殊院圆寂的宽霖老和尚举火,我前去亲近时,佛源老和尚说:"我知道你,看过你搞的《巴蜀禅灯录》、《棒喝截流》和《明月藏鹭》,欢迎你到云门寺来,在云门寺佛学院讲禅宗。"在佛源老和尚的关照下,我于 2000 年开始,前往广东,成了云门寺的常客,此举开阔了我的眼界,在成都多年的困顿似乎一扫而空。

我于 2004 年在成都创办龙江书院,2008 年开始在广州讲课,其间拟建南华书院,但因不能注册,今年方正式注册成立了"粤海书院"。近十年间,在成都、广州两地陆续开讲孔孟老庄禅系列经典,并在 2008 年由南方日报出版社出版了《信心铭》、《云门宗史话》、《心的世界》和《禅说庄子》(一、二、三、四)七册。我所出版的书,都是一版告罄,如今在网上也难购到。

去年初,东方出版社的总编许剑秋先生到广州,欲与我签订出版的战略合作协议,承诺把我所讲、所著的书全部出版。我虽心存感激,但更多的是惶恐,我一介草民,没有令人瞩目的社会头衔,能享受这样的待遇吗?故当时不敢应承。后来许总编又两次到广州,并听我讲《通书》《道德经》,虽然只听了一些片段,但许总编的真诚打动了我,并给予我信心。去年底,终于在"战略合作协议"上签了字,由东方出版社出版我的所有作品(之前已与南方日报出版社签的四本除外)。

于是今年我就忙得一塌糊涂。我已讲了《庄子》二十五篇,可以分为十六册出版,今年先出八本,《生活中的大圆满法》、《心灵锁钥》、《棒喝截流》、《信心铭》和《云门宗史话》也由东方出版社再版发行。幸亏有几位助手,袁义蓉、田璐、刘群珍为我承担了大部分的校对工作,张子库为我承担了与东方出版社沟通、联系的具体事务。当然还有出版社的编辑们,以及好多朋友也为这些书的出版付出了辛劳，在此一并致谢！

《生活中的大圆满法》、《心灵锁钥》、《棒喝截流》和《信心铭》四部书，东方出版社冠以"禅风佛韵"丛书名出版，心里充满感激之情。《生活中的大圆满法》是我的处女作，当时成都出版社的社长、四川文史专家谭继和先生认为是本好书，大力支持出版，但也仅印了五千册，台湾印了多少不知道。

《信心铭》则是将三祖僧璨的这部禅宗经典逐句通俗地讲一遍，千余年来也仅此一部。《信心铭》一经出版，更是有众多的人前来咨询，不仅网上购不着，旧书网上也难购到原书，而多为复印件，且价格不菲。我对知识产权没研究，但看见众多喜好我书的读者无书可购，我也无可奈何。

《心灵锁钥》是通过《心经》对唯识学做一些大致的介绍，使人们对佛教的理论体系有所了解，这是我平生费心最多、耗时最长的一部介绍佛教体系的书。该书兼对天台、华严、禅宗都作了相应的剖析，对初入佛门的人来说，它是了解印度和中国佛教的一部有趣的、可读性较强的书。

《棒喝截流》是在《心灵锁钥》之后所著，只用了半个月的时间就完成了，可谓一气呵成。这是因为我对禅宗的内部结构和方法很熟，对公案、机锋棒喝也有所领会，所以不像唯识学那样画工笔似的精细，而是用大写意的手法随兴即成。

前面说到人生的如意和不如意，以前所出版之书大多不如意——印数太少，我也谈不上获利，但毕竟为我铺垫了不薄的基础，这就是如意。今年借东方出版社之力，那些沉睡多年的故纸也得以重新应世，这可是大如意之事，当然得向东方出版社致谢！所以今年尽管有十七部书的压力，但总的来说仍然感到轻松，并没有多少疲惫感，大概这就是"人逢喜事精神爽"吧。写到这里，忽然想到1984年我三十五岁时所作的一首《念奴娇》，描述的是出狱一年后的心境，借来作为这篇导言的结语吧。

念奴娇·三十五岁自咏

　　蜀山英气，接昆仑，险绝当无人顾。长饮炉关冰雪沁，凝就冰肝寒腑。戏逐灵涛，还驱玄浪，八极寻天鼓。我知非梦，倩谁携袖同去。

　　归来屈指今朝，烂漫桃花，贺我逢三五。盘盏无须樽酒肉，直取案头新赋。天语殷勤，景深春好，万里长安路。鹏来应问，北冥尚有鱼否？

2008 年再版前言

1995 年，由四川省社科院策划，四川人民出版社出版了一套十册的中华佛学文化系列丛书，我担当了《心灵锁钥》和《棒喝截流》这两本书的写作任务。《心灵锁钥》主要是从心理层面上，结合佛教的基础理论，介绍了印度唯识学和中国天台宗、华严宗、禅宗诸宗的大意。很多朋友说，这本书可以作为佛教基础教材使用并加以推广——就算是对我的厚爱吧。《棒喝截流》则是介绍了中国禅宗的内在结构和表现形式，是一本了解禅宗的入门读物。当初出版时，印了一万套，结果却没有实现当初畅销的预期。到了第二年，出版社便将丛书打折清库给处理掉了。

两三年后，这两本书却引起了较为广泛的注意——许多人打电话来索取。尤其是近几年，这两本书的内容被众多的佛教网站和个人博客转载，更多的人打电话来询问此书的再版，也曾有几家出版社前来商榷再版事宜。

去年，我的相关作品和近几年的讲课内容得到南方日报出版社的关注，经过几次接触，他们邀我出一套有关国学的普及丛书——北京立品图书公司也加盟参与，计划对中国传统文化中的儒释道三学进行介绍和推广。除了儒家的《论语》、《中庸》、《周易》和道家的老庄外，他们也很重视佛教，尤其是禅宗的内容，因为广东是六祖大师的故乡和传法之地，禅宗则是广东省历史文化的骄傲。

今年年初，南方日报出版社首先推出了《禅说庄子》的一、二两册以及《信心铭》和《云门宗史话》四本书；这次又推出了《禅说庄子》的三、四两册和《心的世界》(《心灵锁钥》和《棒喝截流》的合集) 三本书；十月前后还将推出《走近论语》、《体会中庸》、《易经片鳞》和《禅说庄子》的五、六两册。而《明月藏鹭——千首禅诗品析》和《赵州禅师语录·壁观》，一直受到读者们的好评，也会择时出版。

谈起《心灵锁钥》的再版，心里真是百感交集。对佛教唯识学，人们能看到的都是以前大师们注疏类的专著，今天的人们要看懂这一套结构严谨、体系博大、词语专业晦涩的系统佛学理论是相当困难的。当年我写这本书的时候，的确是花了不少的功夫，尽力让其通俗、清新，并结合人们所熟悉的自我心理感受来加以发挥，使读者能够较有趣味地读这套艰深的学问，并有会心之感。

20 世纪 80 年代后期以来，禅宗在海内外一直是较为热门的，为广大爱好者们所关注。但让人们能全面系统地对禅宗有种如实的感受，使其从古奥、孤绝的传统表现形式中走出来，面向当代人的情趣而加以介绍，并有相应的可读性，却不是一件容易的事。当时笔者正沉浸在对禅宗研习的热情中——《棒喝截流》乃一气呵成之作，自我感觉还是不错的。今天能有幸再版，也是出版者和广大读者对此两本书的认可所致。

此次再版，为了保持该书的原貌和作者的心路历程，除了对某些字句进行了校订外，对内容基本没有作任何改动，希望能够得到读者们的喜爱。在这里要对南方日报出版社和北京立品图书公司表示感谢，他们对我的关照令人感动。

用两首小诗作为此次再版的感言吧：

佛衣常伴定中人，忍别灵山入石门。
历劫鸡峰云不老，虚空犹自染苔痕。

（2001 年侍佛源老和尚于鸡足山礼华首门）

月没星稀梦亦迟，香莲不解咏荷诗。
禅风透体浑如醉，只有瑶台烛影知。

（2007 年于四祖寺呈净慧老和尚）

冯学成
2008 年 6 月于广州龙洞寓所

目　录

总导言 　　　　　　　　　　　　　　　　　　　　 *1*

2008 年再版前言 　　　　　　　　　　　　　　　 *5*

引言 　　　　　　　　　　　　　　　　　　　　　 *1*
　　——从"一从大地起风雷"说起

一、向上一路 　　　　　　　　　　　　　　　　　 *10*
　　——精神和生命的妙高峰
　　（一）一粒豌豆的历程 　　　　　　　　　　　 *11*
　　（二）众说纷纭话成佛 　　　　　　　　　　　 *13*
　　（三）不畏浮云遮望眼 　　　　　　　　　　　 *16*
　　（四）不可言说的"向上一路" 　　　　　　　 *20*

二、棒喝截流 　　　　　　　　　　　　　　　　　 *26*
　　——理性和认识的断头台
　　（一）理性和认识的空间轨道 　　　　　　　　 *26*
　　（二）别有天地非人间 　　　　　　　　　　　 *29*
　　　　　——认识的多层结构
　　（三）香象过河，截流而过 　　　　　　　　　 *35*
　　（四）佛来亦打、祖来亦打及诸宗禅味 　　　　 *40*

三、机锋转语 　　　　　　　　　　　　　　　　　 *45*
　　——对禅境"死活"的检验
　　（一）天性人也，人心机也 　　　　　　　　　 *46*
　　（二）九十六转语与坐脱立亡 　　　　　　　　 *50*
　　（三）棒下无生忍，临机不让师 　　　　　　　 *55*
　　（四）面对"腊月三十日"的转语 　　　　　　 *59*

四、自家宝藏　　　　　　　　　　　　　　　68

　　——顿悟成佛的依据

　　（一）正法眼藏和自性菩提　　　　　　　69

　　（二）"我无一切心，何用一切法"　　　　72

　　（三）骑牛觅牛和海里挖渠　　　　　　　74

　　（四）顿悟也是多余的吗？　　　　　　　77

五、曲折多方（上）　　　　　　　　　　　81

　　——五宗七家的武器库

　　（一）父唱子和、如切如磋的沩仰禅风　　82

　　（二）彻骨彻髓、透顶透底的临济禅风　　87

　　（三）鸟道玄路、月影芦花的曹洞禅风　　92

　　（四）干屎橛和北斗里藏身的云门禅风　　95

　　（五）禅融华严、一句通关的法眼禅风　　100

　　（六）我手佛手、黄龙三关的黄龙禅风　　104

　　（七）从三脚驴到话头禅的杨岐禅风　　　108

六、曲折多方（下）　　　　　　　　　　　114

　　——试说曹洞《宝镜三昧》

　　（一）全提　　　　　　　　　　　　　　115

　　（二）契境　　　　　　　　　　　　　　117

　　（三）体则　　　　　　　　　　　　　　119

　　（四）潜用　　　　　　　　　　　　　　121

　　（五）透机　　　　　　　　　　　　　　123

　　（六）如法　　　　　　　　　　　　　　125

　　（七）回互　　　　　　　　　　　　　　128

　　（八）知权　　　　　　　　　　　　　　130

　　（九）入微　　　　　　　　　　　　　　133

　　（十）宗趣　　　　　　　　　　　　　　134

　　（十一）权用　　　　　　　　　　　　　137

（十二）宗教　　　　　　　　　　　　　*138*

（十三）入化　　　　　　　　　　　　　*140*

（十四）护持　　　　　　　　　　　　　*142*

（十五）到家　　　　　　　　　　　　　*143*

七、日用提撕　　　　　　　　　　　　　*146*

　　　　——油盐酱醋皆是禅

（一）众里寻他千百度　　　　　　　　　*146*

（二）知识、修行、生活三部曲　　　　　*150*

（三）也谈"寻思"　　　　　　　　　　　*155*

八、诗文禅风　　　　　　　　　　　　　*160*

　　　　——文字禅欣赏

（一）禅诗"一线观"　　　　　　　　　　*161*

　　　　——五祖法演禅诗品析

（二）方内方外的禅诗唱和　　　　　　　*168*

（三）略谈《碧岩录》　　　　　　　　　*173*

后记　　　　　　　　　　　　　　　　*180*

引言
——从"一从大地起风雷"说起

虎步龙骧遍九垓，会从平地起风雷。

等闲唤出庵中主，便见千江水逆回。

这是一首禅颂偈子，出自北宋末年黄龙禅派佛心才禅师之手。题名是《赵州问庵主颂》。

赵州是唐末赵州从谂禅师的简称，他可是一位名震宇内、幽默智慧的杰出大师，活了一百二十岁（778—897 年），人们都称他为"古佛"。

赵州禅师游方时曾问一位住庵修持的僧人——也算是一庵之主，尽管是光杆司令，"有么有么？"那位庵主竖了竖拳头，赵州禅师说："水浅不是泊船处。"赵州禅师在别处也同样问了一位庵主，那位庵主也一样竖了竖拳头，赵州禅师却赞许说："能纵能夺，能杀能活。"

这就是禅宗内著名的"赵州问庵主"公案。这个公案难度极大，因为赵州禅师对同一问题的两个完全相同的答案表现出截然相反、自相矛盾的态度。

"有么有么？"面对这突如其来、莫名其妙的提问，任何人都会摸不着头脑——疯子吗？什么"有么有么"？但这在禅宗内，则是唐末五代时期常见的、考验禅僧们是否合格、是否开悟的一道面试题。

面对赵州禅师的问题，第一位庵主竖了竖拳头，赵州禅师的反应是："水浅不是船泊处。"明明是贬语,人们会以为那位庵主的禅修不合格。而对赵州禅师同样的问题,第二位庵主也是竖了竖拳头,赵州禅师的反应是:"能纵能夺,能杀能活。"明明是赞许语,人们会认为这位庵主的禅修合格了。

但问题完全不是这么简单。在禅宗内,语言的往来如同迷雾一样令人不解,是与非的判断——人们习以为常的是非判断——是不起作用的。问题的结论和答案并不是通过论证而得出的,之所以为"是",之所以为"非",在禅宗内犹如幼儿园中的语言训练那样幼稚可笑。所以,赵州禅师对这两个相同的答案所作的肯定和否定,是对人们思维布下的一个"陷阱",一落入其中就会寸步难行。

佛心才禅师就"赵州问庵主"所作的偈颂诗,在不熟悉禅宗内部门道的人看来,也摸不透其中说了些什么,这里略作一些通融。人们的思维活动,真可谓是"虎步龙骧",一往无前;并且无所不在地可以遍布"九垓"。但对于这个可以"平地起风雷"的思维,理性深处的依据,又有多少人能够明了呢?生命、精神、意识、理性这一切的"主人公"又是谁呢?赵州禅师和这两位庵主都是内行,他们都明白这底层的关系,这可是能使"千江逆回"的力量和境界啊!

毛泽东诗词的魄力和境界是众所周知的,那首《七律·和郭沫若同志》在20世纪60年代广为人知:

> 一从大地起风雷,便有精生白骨堆。
> 僧是愚氓犹可训,妖为鬼蜮必成灾。
> 金猴奋起千钧棒,玉宇澄清万里埃。
> 今日欢呼孙大圣,只缘妖雾又重来。

大家知道,这是毛泽东和郭沫若等观看京剧《三打白骨精》后,郭沫若先作一首,毛泽东然后就和了这首律诗。妙也妙在这里,"三打白骨精"是明代小说《西游记》中的一个章节,整部《西游记》

是通过神怪小说的方式，描写了"唐僧取经"这一历史故事，有着浓厚的佛道气息和生活特色。

"一从大地起风雷"，毛泽东这首七律的首句的确气势非凡，真的有千钧之力，令人叹服。看了上面佛心才禅师的那首诗偈就可以知道，毛泽东的这句完全是从"会从平地起风雷"句中化出。佛心才的这首诗偈载于清代禅师所撰的《颂古联珠》中，如今只有在佛教的《大藏经》中才翻阅得到。由此可见毛泽东对禅宗典籍之熟，这样冷僻的偈颂，信手拈来都成妙句。而"金猴奋起千钧棒，玉宇澄清万里埃"，原本也出于禅宗的"棒喝"，及人开悟后所出现的那种自由明历的宏大精神境界。

"子在川上曰：逝者如斯夫？""小小寰球，有几个苍蝇碰壁。""鲲鹏展翅，九万里，翻动扶摇羊角。"毛泽东的这些诗词句子，都是从儒释道经典中化出，传统文化的力量是巨大和感人的，特别是中华民族历史文化的精品。古人在评辛弃疾的作品时说："稼轩之词，胸有万卷，笔无点尘，激昂排宕，不可一世。"又说："辛稼轩别开天地，横绝古今，《论（语）》、《孟（子）》、《诗（经）小序》、《左氏春秋》、《南华》、《离骚》、《史（记）》、《汉（书）》、《世说（新语)》、《选学》、李（白）杜（甫）诗，拉杂运用，弥见其笔力之峭。"这些评语，用在毛泽东的诗文上也恰到好处。力量有力量的源泉，智慧有智慧的渊溯，以禅宗而言，"明心见性，顿悟成佛"这样的境界，的确是常人难以揣度的。禅宗如果从它真正的立宗之祖六祖慧能大师算起，至今已有一千三百多年了。其间兴衰毁誉不一，但对中华民族历史文化的影响都是巨大和深远的。人们对禅宗的认识往往也是迷离的，这个禅宗，到底是怎么回事呢？

禅宗自称"佛心宗"，是以"亲证佛心"为己任的佛教内最为主要的宗派之一。禅宗高唱"教外别传，不立文字，直指人心，顿悟成佛"这一响亮口号，吸引了广大的信奉者，同时无疑也把很多的信奉者拒之门外。千余年来，不知有多少人为禅宗的风采所倾倒，

但是倾毕生之力也摸不着禅宗的门径。矛盾吗？的确很矛盾。因为
"教外别传，不立文字，直指人心，顿悟成佛"本身就是一个人们用
理性解不开的锁，解决不了的矛盾。

"教"就是佛教，包括了佛教内的"教、理、行、果"四大科
目，包括了佛教内的一切教理教义，包括了佛教内的一切修行方法，
还包括了"解脱成佛"这一佛教最根本的目的。如禅宗六祖慧能大
师问其弟子青原行思："当何所务，即不落阶级？"青原行思的回答
是骇人的："圣谛亦不为。"对佛教所宣扬的一切真理不屑一顾。而
青原行思的弟子石头希迁禅师在回答其师的提问时更为骇人："宁可
永劫受沉沦，不从诸圣求解脱。"既然是"教外"，当然就不受
"教"的规范和陶冶；既是"别传"——是释迦牟尼佛在常规教法
之外所传授的方法，当然就别有蹊径——这就是禅宗内津津乐道的
"向上一路"或"向上一着"。

"向上一路"或"向上一着"，是"教外别传"的，其标志就是
"不立文字"。佛教内的全部经典都是文字的堆积，这在禅宗内是不
取不用的。文字是语言的记录，是无声的语言；而语言则是有声的
文字，是思维的表述。"不立文字"，从字面上来说是对语言文字的
扫除，引申来看，则是对思维形态的扫除。但人是社会的人，人的
社会性，其本质就在于人的社会思维，也就是人的社会意识形态。
如果这一切统统被扫除了，那人类精神中还剩下什么呢？

以佛教而言，"教"是释迦牟尼佛所立的教；"法"是释迦牟尼佛
所说的法；而佛经，则是对佛所说法的文字记录。既然"不立文
字"，既然释迦牟尼佛所说的法，一切经教，对禅宗而言都是无意义
的，那么，成佛的方法、途径及其依据又在哪里呢？

禅宗的回答是明确的，这就是"直指人心，顿悟成佛"。人类之
所以是人类，人类社会之所以是人类社会，其主要标志在于人类作
用于自然和社会的理性思维。理性思维的积淀和发展，语言文字是
不可缺少的根本环节。对人类而言，这一切是无须论证的，是天经

地义的。

禅宗"不立文字",扫除的不仅是佛教的经论,人类社会的一切意识形态,均在其扫除之列——小乘佛教的立教根本尚且如此,更不用说大乘佛教和被称为"无上乘"的禅宗了。

话说回来,佛教仍然是一种意识形态,并且是理性极强的意识形态。佛教号称"内学"(纯粹智慧和生命之学)和彻底批判精神(否定的理性精神),贯穿在佛教的各个领域和教法之中。佛教的"三法印"、"四圣谛"、"六度波罗蜜"、"戒定慧"等,无不显示着智慧的光明。禅宗扫除了这一切,它甚深的方法、途径和依据又是什么呢?禅宗的回答也是明确的,还是"直指人心,顿悟成佛"。

《坛经》中记载五祖弘忍大师在征偈传法的"大会"上,对其弟子有如下的说明:

> 自性若迷,福何可救?汝等各去自看智慧,取自本心般若之性,各作一偈,来呈吾看。若悟大意,付汝衣法,为第六代祖。火急速去,不得迟滞。思量即不中用,见性之人,言下须见,若如此者,轮刀上阵,亦得见之。

"思量即不中用",弘忍大师在这里是切断了思维的作用的,因为"分别思量"在禅宗看来,不是"直指",而是"曲指"了。思维的形式就在于逻辑性,而逻辑必须在时间和内容上迂回运行,是"曲"。"言下须见",可以理解为"言外须见",同时又有时间的顿断性、截然性和凝固性。一是要离开思维等语言文字形态,二又必须在时间上显示其顿断的果决,从而超越了时间运行而必然显现的"渐进"过程。这样,"直指人心"的意义就是"顿",就是"顿悟"。既然"顿悟",就必然"成佛"。

弘忍大师强调的"思量即不中用",在其他禅师那里也经常使用,而且显得更为圆融。如药山禅师有次坐在蒲团上,有僧问他:"兀兀地思量什么?"药山禅师回答说:"思量个不思量的。"那僧紧追一句问道:"既然是不思量的,那又如何去思量呢?"这是一个矛盾、悖论,面对这样的疑问,药山禅师的回答很干脆:"非思量。"运用思维是进入不了这个领域的。沩山禅师也有类似的发挥。他的弟子仰山曾问他:"如何是真佛住处?"沩山禅师回答说:"以思无思之妙,返思灵焰之无穷。思尽还原,性相常住。事理不二,真佛如如。"仰山在这时"于言下顿悟"。

再如"羚羊挂角,无迹可寻","泥牛入海,再无消息"等,全都是"直指人心",全都超出了"思量"的牢笼,而进入了常人不知所云、不知所指的境界。

这里的境界是什么?既然是"顿悟",那就"成佛"了,也就是进入和达到了佛的境界了。佛的境界是什么?是"三身四智八十种好"呢,还是"三十二相"或"常乐我净"呢?这一切是佛教内"教"的说法,不是禅宗的说法。若以这个问题请教古代的祖师们,他们全都会摇头,并异口同声地说"不可说,不可说"。

在禅宗内,一是方法"不可说",若要追问,得到的常常是"当头棒喝";二是目的"不可说","顿悟成佛"也是妄念,一经显露出来得到的也常常是"当头棒喝";三是开悟后的境界"不可说",一经说出,你那个"开悟"便是十足的假冒伪劣产品,恰恰证明你没有"开悟",所以得到的必然是更为严厉的"当头棒喝"。

那么禅宗是不许进行思维活动,排斥一切语言文字的吗?也不是。若以这个问题去质问老禅师,他们会愤愤地说:"语言文字又没有得罪你,与你无冤无仇,你为什么要刻意与之过不去呢?"用南泉禅师的话说,道当然"不属知",但也"不属不知"。"知",思维、语言文字不是道;但"不知",排斥思维、排斥语言文字也不是道。禅宗的作为和方法,真有点像孔夫子所说的,"叩其两端,空空如也"。这虽是《论语》里记载的孔夫子的原话,奇怪的是,这句话放在佛经里,放在禅师们那里,却也水乳交融,丝丝入扣,看不到半点儒释的区别。也如老子所说的:"道,可道,非常道;名,可名,非常名。"明白了这个道理，当然可以在其中逍遥自在，左右逢源了。若不明白这个道理，在其中则是左右为难，八方受气了。

所以，禅是不可捉摸的，不可表述的。据说释迦牟尼佛在晚年自我总结时说，说法四十九年，未曾说着一个字。许多禅师也说一些法，当人们寻迹而来询问时，他们往往又会推得一干二净。如赵州禅师有个著名的"庭前柏树子"话头，他的弟子慧觉禅师行脚到法眼文益大师那里时，法眼大师问他："听说你的老师在回答'如何是佛'时说过'庭前柏树子'，是否有这一个公案呢？"慧觉禅师却赖得一干二净，说："先师实无此语，和尚莫谤先师好。"请你不要诽谤我那过世的老师，行行好吧！结果慧觉得到了法眼大师极高的赞誉，认为他真正继承了赵州禅师的衣钵。

禅宗公案，说出来热闹，但往往是以己之昏昏，使人昭昭，弄不好就成了"南辕北辙"。本书的题目赫然是"棒喝截流"，这在禅宗内认为是"千圣不传"的"恶辣钳锤"。"棒喝截流"是"不立文字"中的"不立文字"，是禅宗内的禅宗，是"宗"中之"宗"，岂是语言文字可以表述的。这个题目本身就是反语言文字的，何况写成一部书。

这个题目原非笔者所敢承担而另有高明，因承担这个题目的作者因故不能成稿，为了不影响这套丛书出版的进度，四川省社科院和四川人民出版社的朋友要我滥竽充数。推辞不掉，加之"为朋友两肋插刀"的冲动，于是就鼓起勇气，用禅师们"悬崖敢撒手"的精神，闭上眼睛，往下一跳。但愿能取得"肉体下降，灵魂飞升"的效果。懂行的朋友说："你不要命了？"没有办法，只好不要命了，或许这恰恰能和"那个"合拍呢。

"棒喝截流"这样的题目是不能写的，的确是不能写的；但这样的题目又是应该写的，而且是完全应该写的。作为禅宗的门径，"棒喝截流"有点像武侠小说中描写的少林寺罗汉堂，要想出去，就必须闯过罗汉堂中的"罗汉阵"一样，少林武功的秘密是绝不允许外泄的。何况一经文字表述，就失去了"棒喝截流"的作用和意义。宋代圆悟克勤禅师著了那部有名的《碧岩录》，他的弟子大慧宗杲禅师认为泄了"禅机"，会瞎天下修行人的"法眼"，所以敢于不顾老师的情面而把刻版付之一炬。另外，作为中华民族传统文化的精粹，这个题目是应该写，值得写的。我们民族文化宝库中的珍宝，总不能放在他人的几案上向我们炫耀吧！禅宗之禅是一种文化现象和精神现象，对文化现象和精神现象作一番介绍和表述也是应该的。在东西方文化大交融的今天，欧美各国对禅宗的研究已经形成阵容，并将禅宗的方法运用到其他一些科学领域（如心理分析、管理科学等），也取得了一定的成果。中国是禅宗的故乡，近些年来，有关禅宗、禅文化的典籍和著述出版不少。随着改革开放的深入，随着国民经济的进一步繁荣，我国的文化事业，包括传统文化中的禅文化，必然也会繁荣起来，并有所发展和提高。所以"棒喝截流"这样的题目是应该写、值得写，并且应该有人写的。

去年上旬，四川省社会科学院和四川人民出版社拟定了这套丛书十部作品的题目，当时笔者就感到《棒喝截流》之难，因而接受了《心灵锁钥》这一选题。《心灵锁钥》主要运用佛学来解释人的多层次的精神和心理现象乃至生命现象。佛教唯识学是一门庞大精深而且严密的精神现象学，虽然庞杂艰涩，毕竟有路径可循，并且有其合理的体系结构。在唯识学的基础上，通过《大乘起信论》来沟通印度和中国两大文化体系的差异，从而进入天台宗和华严宗。这样，对印度佛教和中国佛教所表述的精神、心理现象，包括其各自的特点就有了较为明确的认识。最后，结合这一切来介绍禅。因为《心灵锁钥》的重点在于佛教的精神现象观，所以该书对禅宗的介绍，也多侧重于精神现象学这个特定的领域内。而《棒喝截流》是专谈禅宗的，禅宗就是主题。所以对禅宗的那些主要方面都应有所介绍，在精神、心理这一层面上，就难免出现冲撞和某些重复，也是笔意所到，就在所难免了，这里先行向读者和编者致意。同时要强调的一点是，欲读《棒喝截流》，最好先看《心灵锁钥》，看了《心灵锁钥》，也应再看《棒喝截流》。因为《心灵锁钥》是随着唯识学的理性路途在走，有点累人，但得到的是清晰的认识；而《棒喝截流》则力图表现禅宗的神韵，可能清爽，但得到的很可能是模糊的见解。两书若能合璧，笔者不误行其意，读者不误会其意，那就深感万幸了。

20 世纪 80 年代，为了自己在对禅宗的追求上有所突破，曾一度以古诗词的方式来进行自我的催化，当时习作了一些。这里选出一首，作为这篇"无可奈何的自诉状"的总结吧！

木兰花慢·读《五灯会元》

问拈花底事？笑非是，亦情真。得禅院钟砧，悠依晓暮，深染苔痕。取香柏燃蕙草，且随他玄雾驾光尘。三界何须细认，眼中一叶飘零。

冥冥，莫怨空泯，知误了，月中人。取窄帽青衫，松窗素酒，一意孤行。堪寻旧时影迹？被西风卷尽漫无凭。还守东皋翠树，且呼瑞鹤为邻。

一、向上一路

——精神和生命的妙高峰

　　滚滚长江东逝水，浪花淘尽英雄。是非成败转头空。青山依旧在，几度夕阳红。

　　白发渔樵江渚上，惯看秋月春风。一杯浊酒喜相逢。古今多少事，都付笑谈中。

　　这阕《临江仙》，是中国人所熟悉的《三国演义》的开场引子，在同名电视系列片中，又作为主题歌加以反复咏唱，就更为人们所熟悉。这一阕词，是那样地感人，并且有着一股强劲的力量，震撼着人们的心灵。这个力量是从哪儿来的呢？个人的情感是难以产生如此强大的力量的，因为这里有着历史震荡所发出的力量。

　　对于历史，人们总有一种特殊的感觉，譬如到天安门，游故宫，在那里得到的感觉和情调，必然会与游三峡、西湖或黄山、泰山有相当的不同。从前者所得到的是历史的感觉和情调，而从后者得到的多是自然风光的感觉和情调。人们对于历史的感觉，总是更沉重、更感人，因为历史本身就是一个大时间、大空间的社会兴衰史。

　　《三国演义》的这阕《临江仙》，对历史的感觉是真实的，因为历史的主旋律就是"变"，或者叫"发展"。在人类社会这个舞台上，许多杰出的人物来来去去，而众多的人则在默默无闻中如长江之水一样被倾泻到大海之中。"大江东去，浪淘尽，千古风流人物"，英雄人物尚且被无情的江水淘尽，何况一般的民众。这里传达出来的信息，用佛教的话来说就是"空"。对于这个"空"有真实准确的把握，在禅宗来说，就是禅——当然，这是仅从某种感觉而言的。

历史是发展和变化的，永远都有新的东西在前头。人的意识形态也是发展和变化的，永远有新的东西在涌出。人类从开初以来，就有着对真善美的执著追求，有着对真理的执著追求。但真善美和真理，老是如同地平线一样，人们不断地前进，不断地接近它，但却永远保持着那不变的、可望而不可即的距离。

认识是没有止境的。

历史是没有止境的。

宇宙是没有止境的。

面对这一切，任何具体的个人、社会和时代所表现的智慧和力量都是有限的，因为毕竟还有超越"今天"的那个"明天"啊！尽管许多人不甘心于此，他们想在"现在"的感觉中体验到永恒和绝对的真理，他们想在"现在"中超越时间和空间的限制，把自己的生命和精神置于最高的层次。

（一）一粒豌豆的历程

任何一个人，都有自己的追求。同样，任何的生命体，也有自己的追求。记得少儿时学抄的谚语中有这么一句，"老母鸡的理想，只是一把谷糠。"强者对于弱者的追求往往是轻蔑和嘲讽的，但强者也有自己的追求，更强者又会怎样加以嘲讽呢？在人类的眼中，看到各类生物的生存状态所得到的那种感受，和天堂中的天人们或佛菩萨们看到人类的生存状态会有多大的不同呢？

有一个关于豌豆的故事，曾向一些朋友调侃过，引起了他们的兴趣。故事是这样的：

> 一粒豌豆在土中，对自己所处的环境非常地不满意。它说："我就如此可怜和渺小吗？我为什么要生活在黑暗中而不追求光明，显现自己呢？"于是这粒豌豆在土中不停地挣扎，一场大雨之后，豌豆吸饱了水，撑破了束缚它的那层皮，上面绽出了芽，下面生出

了根。"我终于解放了，自由了，我要继续奋斗，冲出这地狱中的黑暗。"豌豆根在土地中不停地吸收营养，豌豆芽也不断向上生长，终于冲出了土层，见到了阳光。"多幸福，外面的世界多宽敞啊。"在饱览阳光下的丰富景观之后，豌豆为自己的贫乏感到羞愧："我就如此单调吗？不行，要努力奋斗，要表现和成就自己。"豌豆的确不凡，通过自己的奋斗，小小的芽变成了茂盛浓郁的豆秧，并开放出无数灿烂的花，散发出淡淡的幽香。豌豆为自己的成就感到自豪，但立即又有了新的不满，"开花不结果算什么呢？辛劳一生总应有个好的结果吧！"于是豌豆花变成了豌豆荚，豌豆荚后来当然成熟了。"我太累了，该休息一下了。"一阵风吹来，干透的豌豆荚发出了一连串的爆响，于是无数的豌豆就落在土中了……

"太挖苦人了！"有的朋友愤然地笑着。其实，这并不是挖苦人，只是说明了一个"因果"的问题。人们的追求，往往逃不出因果关系的限定。佛经上常说"如是因，如是果"，或"如是果，如是因"，因与果实际上只是同一事物的两端而已，彼此并没有本质上的区别。比如"先有鸡还是先有蛋"的问题，这本是一个互为因果的同一体，鸡是蛋的特殊形态，蛋是鸡的特殊形态。如果把鸡和蛋截然分为没有内在联系的两个部分，再来论证其因果关系，那就永远也说不清楚了。

鸡只能生鸡蛋，而生不出孔雀蛋；鸡蛋只能孵出小鸡，而孵不出孔雀。因为鸡和孔雀有着本质上的差别。现代遗传工程学或许可以缩小这一差别，把鸡改造成既有鸡的特征，又有孔雀特征的新品种，但完全把鸡变成孔雀的可能性是绝对没有的。

同样，现代科学也绝不能把猴子或猩猩变成人。有关"狼孩"的记录证明，人在婴幼儿时期一旦失去了社会性的哺育，他就失去了社会人的意义。无论后天怎样调教，也无法使之重新成为社会人。人尚且如此，何况其他生物。

佛教的因果学说是严密的，是就认识系统的活动而言，并有因、缘、果、报四大组成部分。人的一生，他的生命、智慧、品行、能力和命运，往往如同那粒豌豆一样，尽管有"辉煌"的历程，却谈不上质的飞跃。要使自己有质的飞跃，就必须在"因"上有所变革，就如同进行遗传基因的改革一样。"舍得宝来宝换宝，舍得珍珠换玛瑙"，要变革自己，用佛教的理论来看，就必须修行。修行是自身生命和精神的一个取舍过程，首先要"舍"去自身的许多东西，如同进行无形的"易筋洗髓"手术一样，去掉自己原有的精神内容和行为方式，而植入佛菩萨们的精神内容和行为方式。如果对"凡人"的精神和生命不能"舍"，那就争"取"不到作为佛菩萨的资格，从而使自己因循于原有的因果律——佛教所认为的"六道轮回"之中。

如果一个人敢于"舍"掉自己原有的一切，而"取"佛菩萨们的光辉，那么，佛教认为，只要如法修行，绝对可以成佛。如果说对鸡进行改造而不可能完全成为孔雀的话，从人到佛也有相应的阶梯。佛教的三界说标明了从欲界众生向色界天人，再向无色界天人转化升华的路标，这就是"人天行果"。佛教的净土说也指出了众生"移民"到极乐净土的手续和方法；而佛教的八正道、三十七道品、戒定慧、六度波罗蜜则指出了从人向佛菩萨升华的全部要领和方法。

（二）众说纷纭话成佛

佛教的法，是指示人生解脱之法，是指导众生成佛的法，是与人世间智慧不同"质"的智慧，所以佛教称之为"真谛"。而人类的文明、人类尘世间的智慧，是有限的，在"六道轮回"中旋转的，不能使人生得到解脱的低层智慧，所以称为"俗谛"。

佛教的法门，号称有"八万四千"之多；而众生，更是"非算术之所能计"。对于如何使人生得到解脱，如何成佛这样的大事，自然在佛教内部也会产生众说纷纭、莫衷一是的局面。以至在佛教最为兴隆的唐代，著名宰相裴休在为圭峰宗密大师所作的《禅源诸诠集都序》的"叙"中，有如下之说：

> 自如来现世，随机立教，菩萨间生，据病指药。故一代时教，开深浅之三门；一真净心，演性相之别法。马龙二士，皆弘调御之说，而空性异宗；能秀二师，俱传达摩之心，而顿渐殊禀。荷泽直

指知见，江西一切皆真，天台专依三观，牛头无有一法。其他空有相破，真妄相攻，反夺顺取，密指显说，故天竺中夏，其宗实繁。良以病有千源，药生多品，投机随器，不得一同。虽俱为证悟之门，尽是正真之道，而诸宗门下，通少局多。故数十年来，师法益坏。以承禀为户牖，各自开张；以经论为干戈，互相攻击。情随函矢而迁变，法逐人我以高低，是非纷挐，莫能辨析。则向者世尊菩萨，诸方教宗，适足以起诤后人，增烦恼病，何利益之有哉？

裴休的"叙"，极为精要，对不熟悉佛教，特别是佛教史的人来说，真不知其中说了些什么。

佛教是"随机立教"的，也就是根据众生智慧的高低，行为的善恶等种种差异而"随机"建立的。因而有深有浅，开了"声闻"、"缘觉"和"菩萨"之三乘不同层次的佛法。佛与众生心本无差别，所以叫"一真净心"，可惜众生不识，执"有"执"空"，于是才有"性相之别法"。对印度大乘中观派，中国佛教概称为"性宗"；对印度大乘瑜伽派，中国佛教概称为"相宗"。佛教内的差别和不统一，在印度佛教内就形成了，传到中国后，对这种差别的争论也就扩大了。而解决这种差别，使之达到统一的思想和方法也开始酝酿，并有所发展。达摩祖师西来，传佛心印，六代到慧能、神秀，这个"心印"就分为"顿"、"渐"两大部分。

整个中国佛教界，在禅宗门内，除神秀"渐门"之外，讲"顿门"的还有荷泽、江西、牛头等多家。在禅宗之外，还有天台、唯识、华严、净土、律宗和密宗等各大宗派。所谓"空有相破，真妄相攻，反夺顺取，密指显说"。在本体论上，对"空有"、"真妄"的学说各抒己见；在方法论上，对"反顺"、"显密"的手段各立门派。所以是"病有千源，药生多品，投机随器，不得一同"，"俱为证悟之门"，而且"尽是正真之道"。这是唐代佛教内各宗各派得以建立的依据和必然。

但佛教这一人生大道往往又是在"非道能弘人，实人能弘道"这样一种状态之中。汉武帝在经营西域时曾有一道"求贤诏"，其中说："盖有非常之功，必待非常之人，以行非常之事。"有伟大的人物，才能创立伟大的思想和学说；伟大的思想和学说，也只有伟大的人物才能领会和发扬。佛祖释迦牟尼是伟大的，佛教内开宗立派的那些祖师们也是伟大的。但佛教及其内部各大宗派的宗旨和学说，并非为一般的信奉者所能理解并付诸实践。何况宗派林立本身就使佛教本身难以协调和统一，所以是"诸宗门下，通少局多"，宗派太多，而能够通达、统一这种局面的大师却如凤毛麟角。所以在佛教鼎盛的唐代，就出现了"数十年来，师法益坏"的情况，而必然产生"以承禀为户牖，各自开张；以经论为干戈，互相攻击"的混乱局面。随流而下，当然是"情随函矢而迁变，法逐人我以高低"了。真理成了人情和势力的奴婢，佛法成了人们"烦恼见"的遮羞布和挡箭牌，也成了争名夺利的戈矛。

在这种局面下，在佛教内正本清源、统一认识的工作就极为重要和迫切。圭峰宗密大师以禅宗和华严宗两宗领袖的身份，以他博大的学问和精深的禅行，作了《禅源诸诠集》这部百卷佛学巨著，可惜这部巨著早已失传，仅剩一篇"都序"，尚可从中窥其大要。裴休在同一篇"叙"中说宗密大师：

> 以如来三种教义，印禅宗三种法门，融瓶盘钗钏为一金，搅酥酪醍醐为一味。振纲领而举者皆顺，据会要而来者同趋。尚恐学者之难明也，又复直示宗源之本末，真妄之和合，空性之隐显，法义之差殊，顿渐之异同，遮表之回互，权实之深浅，通局之是非，莫不提耳而告之，指掌而示之……本末相扶，远近相照，可谓毕一代时教之能事矣。

宗密大师的方法是"本末相扶，远近相照"。"瓶盘钗钏"及一切金属制品，归根到底不过是金属的变相，而金属的本性则毫无变化。"酥酪醍醐"及一切可口、不可口的食品，都离不开一个"味"字，离开了味觉，一切食物就失去了意义（当然，在唐代并没有今天"输液"的方法）。再加以"直示宗源之本末"——弄清楚佛教及其各宗各派的来龙去脉、发展状况；细致地分析"真妄之和合"——弄清真理谬误是怎样有机地结合为一体；"空性之隐显"——"空性"是大宇宙和小宇宙两者共同的根本，但往往"隐"时却"显"，"显"时反"隐"。乃至"法义"、"顿渐"、"遮表"（遮是遮拦、遮掩，表是表述、表露）、"权实"（权是策略、方法，实是真实、不变）等种种"善巧方便"，一并"大都而通之"。这种"大都而通之"，就是圭峰大师所说的"知之一字，众妙之门"，也就是当时和后来禅宗内既公开宣示又秘不示人的"向上一路"。

（三）不畏浮云遮望眼

　　　　飞来峰上千寻塔，闻说鸡鸣见日升。
　　　　不畏浮云遮望眼，只缘身在最高层。

　　这是北宋宰相王安石在推行变法时所作的一首诗。王安石深感北宋王朝近百年的因循守旧、积弱成疾的状态，非改革不可以振奋朝野，富国强兵。他说服了宋神宗变法，但立即遭到守旧派的非难和阻挠。王安石上有神宗皇帝支持，对自己的能力和变法的前景充满了信心，因而写了这首千古绝唱。

　　"不畏浮云遮望眼，只缘身在最高层。"这样的气魄和境界，当然与王安石的地位和才思分不开。杜甫一介寒儒，只能写出"会当凌绝顶，一览众山小"的句子。俗话说，财大气粗腰杆壮。杜甫官当得最大的时候，也不过是唐肃宗"流亡政府"的工部员外郎而已，在政治上从来没有跻身于高层，更不用说"最高层"了。诗圣的诗才，绝不比王安石差，但地位和身份，却天地悬殊，无法对比了。

　　但王安石的这首诗，却在无意中道出了认识的规律。"欲穷千里目，更上一层楼。"认识是有空间层次的，也有着时间上的层次，这种空间和时间上的层次，并不来自外部的空间和时间的限制，而是认识自身本来就具备了多层时空层次。认识被局限在哪一层时空范围内，认识的内容就只能在这一层范围内展开，如初级数学和高级数学，经典物理学和量子力学、相对论，各有各的时空范畴一样。若不对认识的壁垒进行一番"破关斩将"的努力，认识的空间就不可能扩大而更上一层楼。

　　从生活的常识中，人们都知道，道路不通畅，是道路上有障碍；河流不通畅，是河道中有壅塞；眼界不开阔，是空间有遮障；而思维不通达，则有多方面的原因。一是人的精力不足，不能负载思维的运行；二是思维被吸附在狭隘、单一的模式或轨道上，自然不能进入更高的层次和空间。如唐代洞山禅师在其"三渗漏"中所指出的"机不离位，堕在毒海"。再如法眼大师问他的学生："泉眼不通，是因为有沙堵塞了，若法眼不通，又被什么堵塞了呢？"那学生回答不出，法眼大师说："我来替你回答，就是自己的眼睛把自己的法眼堵塞住了嘛。"

佛教认为，人类的理性活动，人类的社会意识，恰恰是对众生原本具有的"佛性"的障碍。人的认识，作为一种社会意识形态，只是佛教所认为的"俗谛"而已。但若能把人的认识转变为"佛性"、"真谛"，认识就会得到全方位的舒展而"全知全能"了。

所以，障碍和限制认识功能全面展开的原因就是人类自身的认识模式及其内容，佛教称之为"理障"、"所知障"。障则不通，要通，就必须使之"空"。做到了"空"，就可以使人的"众生性"回归于"佛性"，从而使认识居于最高层的地位。也就是要把认识从人的层次，提高到佛菩萨的层次。要进入佛门不是一件容易的事，首先得"发出离心"，也就是要有出离世间的决心和勇气，"看破红尘"，敢于舍弃世间的功名富贵和喜怒哀乐，敢于舍弃人的情感、意识、世间及社会所带来的一切。在这个基础上，再"发菩提心"，用佛菩萨的精神澡雪自己，也就是前面所说的从"因"上发生变革，从而达到"果"的变革，使认识产生质的飞跃。

从上面所引裴休的"叙"中可以看到，在佛教内部尚且是"通少局多"、"是非纷挐"，究其原因，就是没有达到"身在最高层"的境界，以至被"浮云"遮蔽了"望眼"。而佛教内所谈的"三身四智"这种佛地境界，又不为禅宗所说，禅宗认为，这些境界一经说出，便成了"浮云"、"尘埃"，反而塞住了自己的"法眼"。有个公案很妙，正是说明这个问题的：

　　道吾后到京口，遇夹山上堂。僧问："如何是法身？"山曰："法身无相。"曰："如何是法眼？"山曰："法眼无暇。"道吾不觉失笑。山便下座，请问道吾曰："某甲适来祗对（回答）这僧话必有不是，致令上座失笑，望上座不吝慈悲。"吾曰："和尚一等是出世未有师在。"山曰："某甲甚处不是，望为说破。"吾曰："某甲终不说。"

道吾禅师是药山禅师的首座弟子，偶然听到夹山和尚上堂说法，依佛教经论而言，夹山的回答是无懈可击的，可以得满分。但夹山只是知识性的回答，他自己对什么是"法身"、"法眼"并没有直接的体验，以至惹得道吾这个明眼禅师发笑。

"法身"、"法眼"可以说是佛教内最高修为境界的缩影，依经依教，也只能这么讲。但佛经归佛经，自己归自己，佛经上所讲说的，一个人能够背诵，或许能够理解，但并不等于自己已经达到，或处于这种地位之中了。好在夹山和尚谦逊，一再向道吾禅师请教，道吾却不加说破，让他怀着这个疑团到秀州华亭去请教一位隐居的船子和尚。夹山是如何被船子和尚引上"最高层"的呢？这一则公案文字极美，境界极高，情致也极为崇高动人，白话道出反失其趣，不妨原文引出：

吾曰："某甲终不说，请和尚却往华亭船子处去。"山曰："此人如何？"吾曰："此人上无片瓦，下无卓锥。和尚若去，须易服而往。"山乃散众束装，直造华亭。船子才见，便问："大德住甚么寺？"山曰："寺即不住，住即不似。"师（即船子和尚，下同）曰："不似，似个甚？"山曰："不是目前法。"师曰："甚处学得来？"山曰："非耳目之所到。"师曰："一句合头语，万劫系驴橛。"师又问："垂丝千尺，意在深潭；离钩三寸，子何不道？"山拟开口，被师一桡打落水中。山才上船，师又曰："道！道！"山拟开口，师又打。山豁然大悟，乃点头三下。师曰："竿头丝线从君弄，不犯清波意自殊。"山遂问："抛纶掷钓，师意如何？"师曰："丝悬渌水，浮定有无之意。"山曰："语带玄而无路，舌头谈而不谈。"师曰："钓尽江波，金鳞始遇。"山乃掩耳。师曰："如是，如是。"遂嘱曰："汝向去直须藏身处没踪迹，没踪迹处莫藏身。吾三十年在药山，只明斯事。汝今既得，他后莫住城隍聚落，但向深山里，镢头边，觅取一个半个接续，无令断绝。"山乃辞行，频频回顾，师遂唤："阇梨！"山乃回首，师竖起桡子曰："汝将谓别有？"乃覆船入水而逝。

（《五灯会元·卷五》）

这则公案，语句深邃、隽永，但重点在船子和尚的"打"和后来夹山和尚的"掩耳"这些出人意外的动作上。这里需要点一下，"出人意外"，就是对原有思路的打断。"一句合头语，万劫系驴橛"，那些合情合理的，特别是具有真理权威性的东西，往往是人们的精神枷锁，若不能加以超越，人的认识就不可能在其中发展了。"出人意外"，一个"意外"，会给人们的认识带来新的空间。这仅仅是从局部的、发展的角度来说，而这则公案的意义，则是使人跃身而上"最高层"，夹山禅师达到了这样的境界，船子和尚用生命把他送上了这样的境界，而夹山和尚后来就成了名震天下的夹山禅师，并与当时的赵州、德山、临济、岩头、洞山等伟大禅师齐名。

这里是一个非理性、非认识的境界，如船子和尚所说"直须藏身处没踪迹"——把精神中的一切化解得一干二净，没有丝毫踪迹；但同时又要做到"没踪迹处莫藏身"——对于前面所说的"空寂"境界也必须化掉。这里是有思维的存在还是无思维的存在呢？都有都没有呢？又有又没有呢？禅宗认为这是"不可说"的，也是"不可想"的，"动念即乖"，怎样来把握这一切，是当事者个人自己的事，旁人完全帮不了忙。不过后来夹山禅师再次上堂说法时，有僧问："如何是法身？"夹山回答说："法身无相。"问："如何是法眼？"夹山回答说："法眼无瑕。"这时道吾禅师也在会中，不过这次他没有发笑，而是赞叹说："此子这回彻（悟）也！"同样的提问，同样的回答，在前后却有截然相反的评论，如同"赵州问庵主"那样。这在逻辑上是不通的，自相矛盾的，而禅宗的刀刃，如何理解，则是读者自己的事。不过船子和尚的那个"打"，恰恰就是禅宗内的"棒喝截流"！

（四）不可言说的"向上一路"

在学校中，不论是小学生、中学生还是大学生，都在争取得到优异的成绩。在企业或事业单位，不论是一般职工或高层领导，谁都愿意在自己的岗位上取得最佳的成绩。多少年来，国内不知开过多少"庆功会"，也不知开过多少"学习会"、"经验介绍会"、"成果发布会"，人们对这一切早已惯熟了，习以为常了，但是若要真的向他们学习，真的向他们请教"成功经验"中的隐秘部分，那些"经验中的经验"、"成绩中的成绩"，则往往得不到答案，因为其中的内情是"不可说"的，也"不好说"的。

岂止这些，一些学有专长的，你真的要去学习，也未必能够熟知"个中三昧"，一套极好的烹饪书或裁剪书，绝不会使读者成为一个像样的烹饪师或服装师的，更不用说成为大师了。少林武当的拳图、拳谱满街都有卖的，谁能从这些书中成为"武林高手"呢？原子弹的原理一般专科大学生都能懂，哪一个国家不拥有一批专业人才，可是原子弹并不是看书造得出来的。其中的道理，早在两千多年前，庄子就借老子教训孔子发表了如下的感慨：

> 使道而可献，则人莫不献之于其君；使道而可进，则人莫不进之于其亲；使道而可以告人，则人莫不告其兄弟；使道而可以与人，则人莫不与其子孙。然而不可者，无它也，中无主而不止，外无正而不行……

（《庄子·天运》）

以上这一则，说的是"大道"，"大道"是不可说，不可传的，如《老子》所说："道，可道，非常道。"重要的道书《关尹子》更明确地说："非有道不可言，不可言即道；非有道不可思，不可思即道。"那么一般的技艺呢？庄子也有如下"不可说"的阐述：

> 桓公读书于堂上，轮扁（木匠名）斫（削也）轮于堂下，释椎

斫而上，问桓公曰："敢问，公之所读者，何言邪？"公曰："圣人之
言也。"曰："圣人在乎？"公曰："已死矣。"曰："然则君之所读者，
古人之糟粕已夫。"桓公曰："寡人读书，轮人安得议乎！有说则可，
无说则死。"轮扁曰："臣也以臣之事观之。斫轮，徐则甘而不固，疾
则苦而不入。不徐不疾，得之于手而应于心。口不能言，有数存焉
于其间。臣不能以喻臣之子，臣之子亦不能受之于臣，是以行年七
十而老斫轮。古之人与其不可传也死矣，然则君之所读者，古人之
糟粕已夫！"

（《庄子·天道》）

　　一个制造车轮的木匠，其技艺精要之处在于"不徐不疾，得之于
手，而应于心。口不能言，有数存焉"，这种有度数、有分寸，只能意
会不能口传的"火候"，和自己的儿子也说不清楚，何况"圣人之道"，
何况那个"六合之外，圣人存而不论"的大道。

　　禅宗的禅，就是佛的"心"，作为佛的那种极高极妙、极宏极大、
极清极净的精神世界，那又怎么可以说得清楚呢？何况释迦牟尼佛自己
也说过，他老人家所说的法，仅如恒河之一粒沙；而未说之法，则多如
大千恒河沙数。一不能概全，是尽人皆知的道理，所以这个"不可
说"，恰恰是禅宗接人的门径，只有通过这个"不可说"，才能打破现
有知识和认识的障碍，使人的精神腾跃，使人知道有那个"向上之
路"，并使自己进入那个"向上之路"。

　　面对学生对"向上之路"的追求，禅师们大多采取"不可说"或
"不说"的方法来对待，如道吾对夹山。下面我们来看几则有关的
公案。

　　有一次，渐源仲兴陪同他的老师道吾禅师到一位施主家去办丧事。
渐源拊着棺材问道吾："这个人到底是再生了，还是死了呢？"道吾说：
"他是不是再生了，我不说；他是不是死了，我也不说。"渐源问："您
老人家为什么不说呢？"道吾说："不说就是不说。"在返寺的途中，渐
源说："今天您老非要说个明白，不然我就对老师不客气了。"道吾说：
"你打我杀我都可以，但我绝不会说。"于是渐源就把道吾痛打了一顿，

但道吾始终不跟渐源"说"。

其中的道理是明白的,答案一经老师说出,学生所得到的就不重要、不完满了,如考试时抄袭他人的试卷一样无益于自己的思维。所以答案必须由自己得出,才是真实的、可靠的。

生死的问题是生命之谜,是认识之谜,对人们而言,生死是一种自然的过程,原无须加以过多的深究,科学和医学,也不能使人超越这一自然过程。但宗教,特别是佛教,是以"了脱生死"、"现证菩提"为己任的,是为了超越生死而使生命和精神进入自由自在的佛菩萨境界。佛教的法,佛教徒的修行都是以此为中心而展开,而禅宗的方法则别具一格。如:

> 问:"如何是西来意?"师(石头希迁禅师)曰:"问取露柱。"曰:"学人不会。"师曰:"我更不会。"
>
> (《五灯会元·卷五》)
>
> "祖祖相传,传个什么?"师(投子大同禅师)曰:"老僧不解妄语。"
>
> (《五灯会元·卷五》)
>
> 问:"如何是罗汉家风?"师(罗汉桂琛禅师)曰:"不向你道。"曰:"为什么不道?"曰:"是我家风。"
>
> (《五灯会元·卷八》)
>
> 僧问:"如何是沙门行?"师(云门文偃禅师)曰:"会不得。"曰:"为什么会不得?"师云:"只守会不得。"
>
> (《云门广录卷上·对机》)
>
> 问:"如何是西来意?"师(石霜庆诸禅师)乃咬齿示之。僧不会,后问九峰(道虔禅师)。峰曰:"我宁可截舌,不犯国讳。"
>
> (《五灯会元·卷五》)

对于"向上一路"之事,老师对于学生只能设题,不得解答,这是禅宗内的规矩,而且宁可挨打、割舌也不会把"这个"道破。悟在自心,别人是帮不了忙的,如饭必须是自己吃才能饱,别人帮你吃得再多，那是别人的肚皮，并非你的肚皮。

再说前面那个打老师的渐源，因打师犯戒，隐居一山村小院内，三年后，一日听到一小童诵《观音经》，至"应以比丘身得度者即现比丘身"，忽然大悟。于是焚香礼拜，说："这下我才相信老师所言不虚，当时我是自己不懂，却抱怨并毒打了老师。老师若当时给我说破，我哪有今天的这个明白呢！"那时道吾禅师已经去世，接班人是大师兄石霜庆诸禅师，师兄弟一见，便演出了下面这则极为精彩的公案：

> （渐源）乃造石霜，霜见便问："离道吾后到甚处来？"师（渐源）曰："只在村院寄足。"霜曰："前来打先师因缘会也未？"师起身进前曰："却请和尚道一转语。"霜曰："不见道（先师早就说过的），生也不道，死也不道。"师乃述在村院得的因缘。遂礼拜石霜，设斋忏悔。他日，持锹复到石霜，于法堂上从东过西，从西过东。霜曰："作么？"师曰："觅先师灵骨。"霜曰："洪波浩渺，白浪滔天，觅甚先师灵骨？"师曰："正好著力。"霜曰："这里针扎不入，著甚么力。"源持锹肩上便出。

> （《五灯会元·卷五》）

"洪波浩渺，白浪滔天"，无穷无尽的时间和空间，如同汹涌澎湃、铺天盖地的浪涛一样冲击着人生，冲击着人们的精神和认识，在这里，通往"向上一路"的桥梁和渡船在哪里呢？禅宗认为，这是没有路径可通的，所谓"向上一路，无门无径"，"无门为法门"。洞山禅师的临终偈语说：

> 学者恒沙无一悟，过在寻他舌头路。
> 欲得忘形泯踪迹，努力殷勤空里步。

历来学佛的人多如恒河沙数，不是失误于书本的教条，就是执著于他人智慧，所以不能有所开悟。要达到"忘形泯踪迹"这种无相无为的境界，路在什么地方呢？没有路径可走，若有也是"空"。努力在"虚空"中接受长期的"马拉松"训练吧！这可是曹洞宗祖师的明训。

"努力殷勤空里步"，这里，就是"向上一路"，原本无路可走，要在上面走，那就错了；不在上面走，那也错了。这份"努力"应放在什么地方呢？

以上是曹洞宗系统的，再看一则沩仰宗的著名公案"香严击竹"，也同样精彩。

> （香严智闲禅师）在百丈时性识聪敏，参禅不得（聪明过人，思维活跃，所以在百丈大师那里，仍然参不了禅）。洎（到，及）丈迁化，遂参沩山。山问："我闻汝在百丈先师处，问一答十，问十答百。此是汝聪明伶俐，意解识想。（对于）生死根本，父母未生时，试道一句看。"（父母未生之时，自己的肉体和精神尚不存在，要在这个"不存在"的时候道上一句，对那个"子虚乌有"的情形道上一句，真不知思维认识活动如何开展得了）师被一问，直得茫然（本来如此）。归寮将平日看过的文字，从头要寻一句酬对，竟不能得（如何游泳的书看过不少，只是从来没有下过河）。乃自叹曰："画饼不可充饥。"屡乞沩山说破，山曰："我若说似汝，汝以后骂我去。我说的是我的，终不干汝事。"（幸有明师）师遂将平昔所看文字烧却，曰："此生不学佛法也，且作个长行粥饭僧，免役心神。"（机回得好，从牛角中转回身来）乃泣辞沩山，直过南阳，睹忠国师遗迹，遂憩止焉。
>
> 一日，芟除草木（自耕自食），偶抛瓦砾，击竹作声，忽然省悟（得来全不费工夫）。遽归，沐浴焚香，遥礼沩山，赞曰："和尚大慈，恩逾父母，当时若为我说破，何有今日之事？"（印证前缘）乃有颂曰：一击忘所知，更不假修持。动容扬古道，不堕悄然机。处处无踪迹，声色外威仪。诸方达道者，咸言上上机。
>
> 沩山得闻，谓仰山曰："此子彻也。"仰曰："此是心机意识，著述得成，待某甲亲自勘过。"（严格把关）仰后见师，曰："和尚赞师弟发明大事，你试说看。"师举前颂。仰曰："此是夙习记持而成，若有正悟，别更说看。"师又成颂曰：去年贫，未是贫。今年贫，始是贫。去年贫，犹有立锥之地。今年贫，锥也无。

仰曰："如来禅，许师弟会。祖师禅，未梦见在。"（如来禅、祖师禅之分，也就是佛教内禅法与禅宗的区别，这时在仰山口中，第一次被说破传开）师复有颂，曰：我有一机，瞬目视伊。若人不会，别唤沙弥。仰乃报沩山曰："且喜闲师弟会祖师禅也！"

（《五灯会元·卷九》）

祖师禅就是"向上一路"的别名，你看，对于这个"向上一路"，老师从不说破，有时说破了人们也不知道到底说了些什么。对学生而言，这个问题既不能去问，也不能去想；但也不能不问不想。学生悟到了，向老师交上这份答卷，这份答卷的内容，同样是"不可说"的，说出来，或写在书上，如渐源和香严所表达的那样，又有谁能解其中的意味呢？若能解，就不是禅宗了。不过，也不要以为里面有多玄，生活中的例子多得很。以香严禅师"瞬目视伊"这则看，在现代生活中，特别是对那些惯于眼睛做戏的人来说，他们眼神一转，真可以表达出不少语言难以表达的东西，让人们领会其意，有的人甚至"哼"那么一声，其中都大有文章，何况禅宗的这类表达方式了。不同的是，人们所表达的只是生活情感中的一些内容，而禅师们则从中表现出精神的"妙高峰"。

为什么呢？请看下面的有关章节。

二、棒喝截流
——理性和认识的断头台

要通往"向上一路"，禅宗的方法是"棒喝截流"，而且必须通过"棒喝截流"的关口，才能进入"向上一路"。

"棒喝截流"的效果和目的，就是要使人们的理性认识活动中止，或暂时中止；就是要使人们精神中那种活生生的力量休歇，或暂时休歇；而精神理性，乃至人类文明、人类社会存在的命根子，这样重要的东西，是可以中止和休歇的吗？再说，"向上一路"是伟大精神的升华和飞跃，为什么不能通过理性的充实和完善来加以解决，非要加以扬弃后才能达到呢？下面就从理性和认识说起吧。

（一）理性和认识的空间轨道

黑格尔在其《逻辑学》、《精神现象学》等著作中，曾对人的认识活动，进行了纯理性的分析。黑格尔的著作以难读著称，不是专业的哲学家，不是抱有强烈求知欲望并有十分耐心的人，是难以深入其中的。如黑格尔在《逻辑学》第一版的序言中，对认识活动有如下总结性的表述：

> ……精神否定了单纯的东西，于是便建立了知性所确定的区别；而它却又消解了这种区别……但精神并不停留于这种无结果之中，它在那里同样是肯定的，从而将前一个单纯的东西重新建立起来，但这却是作为一般的东西，它本身是具体的；并不是某一特殊

的东西被概括在这个一般的东西之下，而是在进行规定及规定的消融中，那个特殊的东西已同时规定了自身。这种精神的运动，从单纯性中给予自己以规定性，又从这个规定性给自己以自身同一性，因此，精神的运动就是概念的内在发展：它乃是认识的绝对方法，同时也是内容本身的内在灵魂——我认为，只有沿着这条自己构成自己的道路，哲学才能成为客观的、论证的科学。

"精神的运动就是概念的内在发展：它乃是认识的绝对方法……只有沿着这条自己构成自己的道路……"黑格尔的这一段总结性的表述是极其精彩的，他用纯逻辑的方式代我论证了前面那粒豌豆的故事。黑格尔在后面还继续写道：

> 意识，作为显现着的精神，它自己在途程中解脱了它的直接性和外在具体性之后，就变成了纯知，这种纯知即以那些自在自为的纯粹本质自身为对象。它们就是纯思维，即思维其本质的精神。它们的自身运动就是它们的精神生活，科学就是通过这种精神生活而构成的，并且科学也就是这种精神生活的陈述。

黑格尔认为，精神、意识乃至自然的发展，都是以逻辑的本质为基础。逻辑的运行产生了精神、意识、生命和宇宙中的一切，而且这就是科学。

19 世纪是科学大获全胜的世纪，人们对科学的信赖和尊重，甚至超过了 20 世纪。黑格尔认为他的方法是科学，而且是纯科学，这也一点不假。遗憾的是，黑格尔在作以上的表述时忘记了一点，即他的逻辑、他的科学，是通过一个主体来完成的，这个主体，是人，而且是具体的黑格尔自己。逻辑、理性、认识、精神、生命是一体的，就人而言，是完整地统一在具体的个人身上，并且是社会化的个人身上。

有人之初，也就是人在社会化以前，只是"穴居野外"的自然人，与自然中的其他高等动物没有本质上的区别，尽管这种自然人的智力比其他高等动物都高得多，如狼孩的智力绝对比狼高得多。自然的人，原是与大自然融为一体的，理性潜萌在其中，把人类从自然带入了人类社会。而自从人类社会化以来，便在某种意义上从大自然中分离了出来，或者说达到了对大自然的某种超越。但理性并不停留于此，它在人类的社会中不断得到强化。随着理性的不断完善和独立，特别是向理性自身乃至向生命和宇宙进军之时，这个理性，一方面在自然中延伸，一方面在社会中延伸，还有一个方面，即在自身中延伸。总之这个理性，使人超越了自然（是否真的超越当然还值得怀疑，姑且作如是说），现在又欲超越社会，还将超越理性自身，从而达到并回归于整体宇宙的生命之中。这是精神和生命欲达到的"妙高峰"——意识的巅峰状态。有文字记载的两三千年来，人类中的那些最伟大的哲学家、思想家、科学家，当然还有那些杰出的宗教领袖均为之做出了艰巨的努力。黑格尔就是其中的一位，他自己就认为他的思想已达到了"绝对宇宙精神"这样的高度和领域。这当然是令人置疑的。

在这方面，黑格尔的先行者康德似乎谦逊得多，谨慎得多，他认为人类在认识世界之前，首先应当检验自己的认识能力，并且指出了应该有存在于认识之外的"自在之物"。

黑格尔其实并没有超越康德那个著名的"二律背反"，人的认识能力无疑是无限的，但恰恰又是有限的，特别是人把认识的目光对着自己的时候，往往就寸步难行了。《楞严经》中有这么一句话："见见之时，见非是见。见犹离见，见不可及。"翻译成白话，意思是：当我们去认识我们的思想时，被认识的并不等于是思想本身，恰恰是把思想作为认识的对象而使自己分裂为两个部分，所以得到的认识不等于达到对认识自身的把握。再者，大自然产生了生命，生命产生了精神，精神又产生了认识，所以认识只是大自然和生命现象的一个从属、派生的部分，而不是其整体。这个部分要反过来认识整体，或认为自己就是这个整体，未免说不过去吧！

我们知道，一个人自呱呱坠地那天起，就被迫接受各种社会性的规定和熏染，把人的自然性放在社会这个模型中去陶冶。我们一说到人类文明，实际上就是指社会文明，尽管社会性与自然性是不可分割的，但社会性必然是有限的、受规定的，而自然性的尺寸远比社会性大得多。认识的不断发展，实际上就是社会性与自然性之间的一条函数曲线。这条曲线，必然而且只能在认识和逻辑这个精神隧道中发展，绝不能超越于这条隧道之外——尽管这条隧道是一直向前延伸的。所以，这条隧道以外的天地，是认识的盲区，认识当然不能超越其运行轨道而达到与多维宇宙、自然的统一。人的认识无可奈何地永远处于这种状态之中，难怪康德会感到有存在于认识之外的"自在之物"了。

问题是明摆着的，人的认识永远处于这样的状态之中：一是已知，一是未知。而且已知的未必是真知，未知的也未必无知。用爱因斯坦的话来说，已知的半径越大，所感触的未知空间就越大；所知的半径越小，所感触的未知空间就越小。这真是对认识的莫大玩笑，无怪中国的老庄学说强调"绝圣弃知"，到了完全"无知"的状态时，未知的空间就恰恰无限小了，小到等于零了。

哲学家是用理性来认识这一切的，而理性并非精神的全体，更非生命的全体。有人说19世纪是理性的时代，20世纪、21世纪是非理性的时代。非理性不是反理性，而是指出在人们的精神中，除了理性之外还有许多理性所不能涵盖的内容，如意志、情感、欲望及生命自身的脉动等。

如何统一这一切，超越自身认识的局限，而达到认识、精神、生命、社会、自然的高度和谐和统一呢？如何使认识摆脱其命定的运行轨道，进入那深邃的、多层次的多维时空呢？佛教认为，只有从"俗谛"转向"真谛"，从凡夫升华为佛菩萨，具备了佛的成所作智、妙观察智、平等性智、大圆镜智这"四智"，才能使认识登上其巅峰地带，也就是禅宗内常说的"妙高峰"。

（二）别有天地非人间
——认识的多层结构

禅宗提倡"直指人心，顿悟成佛"，而"直指"、"顿悟"的必须途径，就是"言语道断，心行处灭"。

从前面的介绍中我们看到，认识、思维的主要特征在于逻辑的运行，逻辑犹如一道河床，负载着思维在这个河道上流淌，认识和思维既然被限制在这河床之中，河床之外的天地，思维意识就无法去了。人们常说的思路，思维之路，也说明了这层意思。

现代艺术中有"意识流"这种说法，原意本为对常规艺术的僵硬表现方式的突破，从而激发思维和情感的多方位的切入。这个"意识流"的用词的确非常好，一个"流"字，就抓住了思维和意识的本质和特色。

禅宗认为，一切心意识的活动，都是对禅的障碍。因为心意识的活动必然成"流"，必然会沿着固有的轨道运行，"意识流"就是"言语道"，就是"心行处"。凡夫之所以是凡夫，众生之所以是众生，就因为生生死死陷在"言语道"和"心行处"这种意识之流中不得解脱。而许多修行佛法的，也因对佛法的"理障"和"所知障"，同样陷在"言语道"和"心行处"这种意识流中，同样不得解脱。所以禅宗强调对"言语道"要"断"，对"心行处"要"灭"，也就是要"断灭"意识之流，所以叫"截流"。而棒喝则是禅宗主要和常用的截流方式，被称为"激箭禅道"，其刚强迅猛令人咂舌，俨然是理性和认识的断头台。

说到断头台，难免会引起很多人的心悸和恐惧；要摒弃和切断人们习以为常的认识和思维，也会使人们茫然而不知所之。人们从生到死，哪一天离开过自己的思维呢？个人、家庭、社会、工作、生活，全都是浸泡在思维和意识的海洋中。自己的精神心理活动，是自己最熟悉并与自我不可分割的存在特征，如果把这一切都摒弃了，切断了，那么生命、精神、意识又将进入什么样的地带，面对什么样的情景呢？

佛教认为，人们陷在"俗谛"——红尘中是极为可悲的。"一切众生皆有佛性，皆可成佛"，自己的伟大力量，自己的光辉前景，人们就是看不见，摸不着，而固执于"虚幻"人间所看到的、得到的那一切。如果敢于发出离心，舍弃这一切，就会"置之死地而后生"，就会出现"山重水复疑无路，柳暗花明又一村"的景象，就会感到"别有天地非人间"了。

佛教认为，人的意识本身是多层结构的万能精神本体，并因其迷悟和"业力"的不同而被限定在某一特定的精神区域内。在佛教的八识观里，意识是由眼、耳、鼻、舌、身、意、末那、阿赖耶这八种识所构成。

阿赖耶识如同小宇宙，含摄佛与众生、天地万物乃至一切一切。六祖大师说，"何期自性，本自具足"，"何期自性，能生万法"，没有阿赖耶识的存在，这一切就无从谈起。

末那识的主要特征就是"我"这种绝对的主观判断。由于有了这样的判断，就把一体运行、有机而不可分割的宇宙，分裂成主观和客观两大部分；由于有了这样的判断，就必然产生"我所有"这样的欲望和冲动，因而引发了佛教所说的贪、嗔、痴等种种"烦恼"；由于有了这样的判断，思维和认识就必然"为我所用"，因而被限制在"我"这一狭小的方寸内，被驱动在单一的轨道上。

再说意识，在佛教看来还有四种状态，即明了意识、散乱意识、睡眠意识和禅定意识。

明了意识是思维和意识得以展开的基础，意识在散乱和睡眠中绝不会出现清晰连贯的逻辑，绝不会出现准确和科学的判断。应当看到的是，理性的分析、综合、归纳、演绎、判断等逻辑的运行，仅是明了意识中的部分内容，尽管是人们认为的"高级"内容。明了意识所涵藏的内容要广泛得多，包括感觉、知觉、回忆、联想、情感、意志等多方面的内容和层次，并各有其空间范畴。佛教认为"法法平等"，所以在明了意识中，它们与理性的地位是平等的，尽管人们认为理性高于一切。

散乱意识有别于明了意识。明了意识的功用主要在认识的点与线上，也可以在一特定的面上或空间层次上，但主题是分明的。散乱意识的特点是没有主题，处于千头万绪或漫无头绪的状态中。对于明了意识中的理性而言，散乱意识是没有意义的，甚至是有害的。佛教内的一些常规修行方法，对它也是排斥的。但有一弊必有一利，散乱意识作为一种意识的存在状态，如能有法有度地加以利用，则可以成为极有价值的精神财富，如艺术中的散点透视、蒙太奇镜头、朦胧诗等跳跃式、变动式的思维方式，再如模糊数学和模糊逻辑等，都是对散乱思维的不自觉的利用。不过散乱思维至今仍是一片未经开发的处女地，等待着人们去开发利用。

睡眠意识分为无梦睡眠和有梦睡眠。无梦睡眠并非没有意识活动，只不过在无梦睡眠里，意识活动太浅淡了，多属"刹那灭"，没有给意识留下映象而已。严格来说，只要不是死亡，再深沉的睡眠甚至休克，都会有意识的活动，如植物性神经活动，只不过如今尚不能翻译成我们可以理解的意识现象而已。植物性神经活动有时通过某种媒介为我们所感知，如身体的某部分不适。对这种不适的感觉，有经验的医生往往能做某种破译，要是人们能全面准确地加以破译，那将是医学史上的一大突破。

睡眠意识主要表现在有梦睡眠之中，梦中意识是在理性沉睡的情况下，意识的深层部分在梦中浮现的感知。梦中意识比散乱意识更加漫无主题，并且自由得多，可以不受醒时所感受到的环境和理性的限制。许多不可为、不敢为的事情在梦中可以尽情发挥，许多不可能、不现实的事情在梦中可以变成可能和现实。这是不大接受理性管制的地带，若能主动加以开发和利用，也可以使人获益，如苏东坡梦中作诗，门捷列夫在梦中破译元素周期表，贝多芬和莫扎特梦中创作不朽的音乐作品，斯蒂文森在梦中完成其惊险小说的构思等。

禅定意识是常人最为陌生的地带。一提起"参禅入定"，人们就以为那里必须"无念无想"，这其实是对禅定的一种误会。既然称之为禅定意识，那么禅定中必有意识现象，可以称为"禅定中的意识"或"意识中的禅定"。

佛教对禅定的分类很多，如四禅八定，如凡夫禅、外道定，再如二乘禅、大乘禅、无上乘禅等。不论哪一种禅定，都有其意识活动和现象，不然就不能称为禅定意识了。

举例而言，龙树是印度佛教中观学派的创始人，是菩萨级的学者，人们所熟悉的佛经《华严经》，号称"经中之王"，就是龙树在龙宫内看到的。龙树怎样到龙宫的呢？一般人认为龙树菩萨神通广大，自然是以神通力到龙宫的。其实神通出于禅定，龙树是在禅定状态中到的龙宫，看到了《华严经》，并默记了其中部分内容，出定以后再默写出来的。

再如《瑜伽师地论》，这是唯识学的根本经典，据说是弥勒菩萨讲的。印度的无著大师，在禅定中进入兜率天宫中的"弥勒内院"，聆听弥勒菩萨讲授时作了记录，于是《瑜伽师地论》在人间才能传播。

再如中国天台宗的智者大师，在修"法华三昧"（天台止观中的一种）时——也就是在禅定中，看到"灵山一会，俨然未散"。智者大师大概在禅定中进入了"时空隧道"，赶上并参与了一千多年前释迦牟尼在印度灵鹫山上的一场法会。

以上三人都是菩萨级的大师，其禅定功夫都是上上乘，从对他们禅定的记录来看，禅定不仅存在着意识活动，而且还有着超强功能的意识活动。

再看六祖大师针对"无念无想"那类禅定所作的批评：

> 慧能没伎俩，不断百思想。
> 对境心数起，菩提作么长。

这实际上是六祖对禅定的真实感受，在高层禅定中，心意识的活动是用不着去断的。在禅定中排斥意识，并修到死灰槁木的那类禅定，佛教称之为"断灭见"，是外道而非佛教。

至于一般的禅定意识，也必然是浅表层次的"言语道"、"心行处"的暂停和中止，如放电视录像时的暂停一样，流动的意识在这里刹住了车，停止了运行。电视录像暂停后的像是静止的，而禅定中的意识并不是静止的，静止的只是独霸意识场和舞台的那种惯性运作的思维模式和轨道。这种惯性运作的思维模式和轨道，吸附了意识的主要能量，并被误认为就是"绝对的意识"。当这种模式或轨道一旦静止和放弃，意识中长期被它遮掩的内容——更为深层和广泛的内容，就在禅定中浮现了出来，并且是以动态的形式表现出来。针对这种状态，佛教才设立了四禅八定和大小乘等不同层次的禅观。

修禅定必然修观，止观双修是佛教的正法和定论。观就是把佛教的"正知正见"运用在禅定意识中，并反复使之与意识（观）融为一体，方得以"转凡成圣"。

人们长期习惯于社会性的思维模式和轨道，并消耗了人们绝大部分的精力。思维和意识若不进入禅定状态，就很难摆脱这种模式和轨道。佛教强调戒定慧，其实戒定慧是一体的，用六祖大师的话说：定是慧体，慧是定用。即慧之时定在慧，即定之时慧在定。

慧是意识的最清澈和灵动的部分，也就是智慧。佛教中所说的智慧是出世间的智慧，常用印度语"般若"、"菩提"来表达，以区别于世间红尘中的那些"染污智"。定慧一体，就是禅定不离意识的最好说明。

当然，眼、耳、鼻、舌、身都有其相应的认识层次和疆域，所以佛教相应以眼识、耳识等来命名。若明白了认识的层次，才会使意识不囿于有限狭小的空间，才有向上的追求，以使自己处于"一切照了"的最高层次。

这种最高的精神和认识的层次，在佛教的经典中有所描述，但对这种描述，禅宗认为是既必须依据，同时又万万不可依据的。在唐代，禅宗就有"依经解教，三世佛冤；离经一字，犹同魔说"的矛盾语。矛盾吗？不矛盾。禅宗认为，若把佛教的经论作为知识而不是变成自己自发的、现在的智慧，就辜负了佛的慈悲。能把佛教经论与自我有机地、彻底地统一在一起，也就是禅宗常说的"打成一片"时，才是真正的"向上一路"。

"向上一路"是不可言说的，甚至"只可意会"在这里都是行不通的。因为只要有"意会"这一精神的感受和认识的判断存在，就远不是"向上一路"的祖师禅了。所以著名的云门文偃禅师有"只守会不得的"，"会不得最好"，"不知最亲切"等违反常理的奇谈怪论。下面再举几例。

药山上堂："我有一句子，未曾说向人。"（道吾）师出曰："相

随来也。"僧问:"药山一句如何说?"山曰:"非言说。"师曰:"早
言说了也。"

(《五灯会元·卷五》)

还是这个药山禅师,有一次对徒众作如下开示:

师云:"我有一句子,待特(公)牛生儿,即向汝道。"有僧
云:"特牛生儿,也只是和尚不道。"

(《五灯会元·卷五》)

"我有一句子",当然指的是"向上一路"的祖师禅了,说可以说,
但要等到公牛生儿那一天——等于是向大家坦白交代"这个"的确是
"不可说"的,有的人不懂事,偏要问个明白;有的人懂了,醒眼了,
所以明白指出,哪怕公牛真的生个牛犊子出来,你老和尚还是不会
说的。

对于这个问题,雪峰义存禅师说得很清楚,他说:

此事不从唇吻得,不从黄卷上得,不从诸方老宿得。合从什么
处得,也须仔细。

(《五灯会元·卷七》)

既是"不可说",又"不可想",可能还是"不可为"的,那又必
须经过什么样的途径才能进入这"向上一路"呢?若说"棒喝截流"
是通达"向上一路"的唯一关口,那么,这个"棒喝截流"又是怎么
回事呢?

(三) 香象过河,截流而过

熟悉禅宗的人,哪一个不知道"德山棒"、"临济喝"呢?不是从禅
宗内过来的人,谁又会知道"棒喝"的妙用呢?不管知道不知道,熟
悉不熟悉,只要没有从"棒喝"中过关的人,都会对此迷惑不解——
"向上一路"既非思维之所能到,那"棒喝"在其中又有什么样的作

用呢？

这里不再引用广为人知的"德山棒"和"临济喝"，录取一些读者较为新鲜的公案，看看"棒喝截流"到底卖的是什么药？

宋代临济杨岐禅派的著名大师圆悟克勤在其《碧岩录》中，对当时风行天下的云门禅作了一个总结，他说：

> 云门寻常一句中，须具三句。谓之函盖乾坤句，随波逐浪句，截断众流句。放去收来，自然奇特，如斩钉截铁，教人义解卜度不得。

"教人义解卜度不得"，也就是人的思维活动在其中寸步难行。云门即五代时云门宗的创始人云门文偃禅师，他在演示禅机时，一句极为平常的话中，都包含着三层意味：一是"函盖乾坤"——包括全部思想的义蕴和宇宙的实相；二是"随波逐浪"——顺随着思维之路，让其自然流淌；三是"截断众流"——使一切思维方式和内容到此忽然被截断而停顿。由于有这三层意思，所以云门禅师的每一句禅机，可以收，可以放；可以杀，可以活，显得宽阔空灵，意味无穷。又如斩钉截铁一般，使人不能用思维的方式作哲学式的把握，也不能用灵感来捕捉。

当然，云门这三句中还有三层意思，用佛教的话说，第一句"函盖乾坤"展示"自受用"——自我在最高的精神状态中潇洒享用；第二句"随波逐浪"属于"他受用"——让他人与我共同享受第一层的境界；只有第三句"截断众流"才是接引学人的舟桥。但又应看到，有时这三句全部都可以作为接人的舟桥——那就看学人的"根机悟性"了。

前面我们看到的那些"不可说"的公案也是"截流"，只不过是文雅一类的"截流"。既是"不可说"，当然就用不着去思维把握了，思维之流不在其中运行，本身就是"截流"了。而这种文雅的"截流"方式，对根机好、悟性强、机缘成熟的人，的确行之有效，不少人在其中实现了"明心见性"。但对另一类人，他们的思维特别强烈，文雅的方式不足以"截断其思维之流"，这样"棒喝"的作用和意义就显得重要和必须了。

"棒喝"的作用，在于对思维进行强暴式的"逼拶"。对于"逼拶"，《心灵锁钥》中已有所介绍，这里不妨再作进一层的说明，如下面的公案：

> 僧问："如何得合道？"师（马祖）曰："我早不合道。"问：
> "如何是西来意？"师便打，曰："我若不打汝，诸方笑我也。"
>
> （《五灯会元·卷三》）

禅宗内的棒喝、机锋、转语，大概都可以溯源到马祖道一禅师身上，如"棒"的形式此即一例。再如马祖与百丈的"野鸭子"公案，对水潦和尚的"一踏"公案，对法会禅师的"一掴"公案等，都是变相之"棒"。再如与石臼和尚那则公案，更是直接有"棒"：

> 石臼和尚初参马祖，祖问："甚么处来？"师曰："乌臼来。"祖
> 曰："乌臼近日有何言句？"师曰："几人于此茫然。"祖曰："茫然且
> 置，悄然一句作么生？"师乃近前三步。祖曰："我有七棒寄打乌
> 臼，你还甘否？"师曰："和尚先吃，某甲后甘。"
>
> （《五灯会元·卷三》）

"喝"也是马祖开其先河。在著名的"野鸭子"公案之后，还有一则"百丈再参"的公案，与"野鸭子"公案前后呼应，表达了禅人悟道后"死"、"活"这两种状态和层次。

在"野鸭子"公案中，百丈被马祖一扭鼻子，"鼻头今日又不痛也"，得到马祖的印可，但第二日：

> 师再参，侍立次。祖目视绳床角拂子。师曰："即此用，离此
> 用？"祖曰："汝向后开两片皮，将何为人？"师取拂子竖起。祖曰：
> "即此用，离此用？"师挂拂子于旧处。祖振威一喝，师直得三日
> 耳聋。
>
> （《五灯会元·卷三》）

"此"指悟后的心体,"用"指悟后度人的手段和方法。马祖的意思是"即"也不是,"离"也不是,那什么才是呢?百丈取拂子、挂拂子用意又是什么呢?马祖后来使百丈"三日耳聋"的那么一"喝"又是什么意思呢?

这一切都是"不可说"的,一经说出,这个最高最妙的精神"妙高峰"就落入了尘世,落入了平常人有限的精神内容而不值一文了。无怪百丈禅师后来把这段经历告诉他的学生——黄檗希运禅师时,黄檗惊得吐出了舌头。请看下面这段公案:

> 师(百丈)曰:"子已后莫承嗣马祖去么?"檗曰:"不然,今日闻和尚举,得见马祖大机大用,然且不识马祖。若嗣马祖,已后丧我儿孙。"师(百丈)曰:"如是,如是。见与师齐,减师半德;见过于师,方堪传授。"

> (《五灯会元·卷三》)

这一段真是千古绝喝,"大机大用",是对"棒喝"功用的赞叹。这个功用是超常态的,不是人们生活中的常规功用,也不是佛教内一般戒定慧的功用,所以叫"大机大用"。表现出来,就有"见过于师,方堪传授;见与师齐,减师半德"这样的高标准。这个标准就是对自己老师的超越,达不到这种超越,哪怕与老师持平都不行。无怪后人把这样的准则称为"超佛越祖"。而这一切"机用",都是"棒喝"所导演出来的。

面对棒喝的威力,的确使不少禅人当下"言语道断",以后遇到种种疑难时,就可以如"香象过河,截流而过"了。面对湍急宽广的河水,一般动物,甚至狮虎等都不敢轻易下水,而大象则敢,所谓"截流而过"是大象过河的状态。如小河小溪,就是"踩水"而谈不上截流。

禅师们的机锋棒喝,大多怪诞且不近情理,常常本来就是思维的陷阱,如果没有敢于"截流而过"的信心和力量,是会陷在里面出不来的。下面来欣赏一则有趣的公案:

　　凌行婆来礼拜，师（浮杯和尚）与坐吃茶。婆乃问："尽力道不得的句分付阿谁？"师曰："浮杯无剩语。"婆曰："未到浮杯，不妨疑著。"师曰："别有长处，不妨拈出。"婆敛手哭曰："苍天中更添冤苦。"师无语。婆曰："语不知偏正，理不识倒邪，为人即祸生。"后有僧举似南泉，泉曰："苦哉浮杯，被这老婆摧折一上。"婆后闻笑曰："王老师（即南泉）犹少机关在。"澄一禅客逢见行婆，便问："怎生是南泉犹少机关在？"婆乃哭曰："可悲可痛。"一罔措。婆曰："会么？"一合掌而立。婆曰："伎死禅和，如麻似粟。"一举似赵州，州曰："我若见这臭老婆，问教口哑。"一曰："未审和尚怎生问他？"州便打。一曰："为什么却打某甲？"州曰："似这伎死汉不打，更待几时？"连打数棒。婆闻却曰："赵州合吃婆手里棒。"后僧举似赵州，州哭曰："可悲可痛。"婆闻此语，合掌叹曰："赵州眼光，烁破四天下。"州令僧问："如何是赵州眼？"婆乃竖起拳头。僧回，举似赵州，州作偈曰："当机觌面提，觌面当机疾。报汝凌行婆，哭声何得失。"婆以偈答曰："哭声师已晓，已晓复谁知。当时摩竭国，几丧目前机。"

（《五灯会元·卷三》）

　　以上引文，在《五灯会元》中与其说是浮杯和尚的专节，不如说是凌行婆的专节。浮杯和尚与凌行婆都是马祖的弟子，在唐五代的禅宗内，有不少"武功"极高的老太婆，凌行婆便是其中的一位。这则公案，还牵上了南泉、赵州、澄一和另外三四名不知名的和尚，热闹非凡。这则公案隐有不少棒喝机锋，且不露痕迹，叫人捉摸不透，但浮杯、凌行婆、南泉、赵州都是"截流而过"，水也不曾溅出一滴。而那个澄一禅客却是一个"伎死汉"，在这几股相互激荡的"河水"中被冲得团团转，在他们的机锋中，一涉及思维便会败下阵来，不涉及思维也无从酬答。而凌行婆则通过南泉，特别是赵州的赞誉，而"烁破天下"。后来这则公案成了宋元禅宗内参话头、考机锋的重要案例。若不懂、不会其中往返曲折的"机"，那么这位禅和子的禅就过不了关。

（四）佛来亦打、祖来亦打及诸宗禅味

谈棒喝，就不能不提及德山、临济，他们的风范，稍知禅宗的人便相当熟悉，但这里仍有必要加以介绍。

德山禅师（782—865 年）是四川简州人，早年出家。他"精研律乘，于性相诸经，贯通旨趣"。可见他对中观、唯识两家学说都曾下过功夫，并能融会贯通。正因如此，他特别反感"直指人心，见性成佛"一类说法，愤然到南方去"扫荡"禅宗。哪知到了湖南澧阳，遇到一个卖点心的婆子，拿《金刚经》问他："过去心不可得，现在心不可得，未来心不可得。师父你点的是哪个心？"德山是《金刚经》的专家，却张口结舌，回答不出，这时才知禅宗确有其妙，于是往参龙潭崇信禅师。一天晚上，龙潭禅师说："天晚了，你回去休息吧！"德山说："外面黑。"于是龙潭点一支烛给德山，德山正准备接时，龙潭却一口气把烛火吹灭。这一下，德山就大悟了，并把自己平时所爱读的书付之一炬，说："穷诸玄辩，若一毫置于太虚；竭世枢机，似一滴投于巨壑。"

以后他开法德山，所以叫德山禅师。德山以"行棒"扬名天下，法语不多，但却深得禅髓，如："若也于己无事，则勿妄求，妄求而得，亦非得也。汝但无心于事，无事于心，则虚而灵，空而妙。若毛端许，言之本末者，皆为自欺。何故，毫厘系念，三涂业因，瞥尔情生，万劫羁锁。圣凡名号，尽是虚声，殊相劣色，皆为幻色。汝欲求之，得无累乎？及其厌之，又成大患，终而无益。"又说："我宗无语言，实无一法与人。"

德山禅师的确是把一切都看穿了，看透了，在开山接众、游方导化上直来直去，义无反顾。故其上堂与众开示，敢于作如此之说：

> 我先祖见处即不然，这里无佛亦无祖，达摩是老臊胡，释迦老子是干屎橛，文殊普贤是担屎汉，等觉妙觉是破执凡夫，菩提涅槃是系驴橛，十二分教是鬼神簿、拭疮疣纸，四果三贤、初心十地是守古冢鬼，自救不了。

（《五灯会元·卷七》）

在德山这里，一切执著和迷信全都荡然无存，抱着这些思想来求法的，他只好用棒子来打了。所以他接人的方式是："道得也三十棒，道不得也三十棒。"临济禅师听说了他这种禅风，对他弟子洛甫说："你去问他，为什么道得也三十棒，道不得也三十棒？若他要打你时，你接住棒子送一送，看他还有什么话说。"洛甫奉教而行，见了德山，如此这般一问，德山果然挥棒就打。洛甫依临济之教，接住棒头一送，德山便丢下棒子回了方丈。洛甫回去向临济禅师汇报，临济说："我从来疑着这汉，虽然如此，你还认得德山吗？"洛甫正准备回答时，临济也抓起棒子就打。

棒喝是对人的思维强行"逼拶"的一种方式，人们千思万绪之时，忽然被棒子一打，当时那些千思万绪立即无影无踪。用毛泽东的诗句来形容，这叫"金猴奋起千钧棒，玉宇澄清万里埃"。行棒当然不近情理，但对禅宗而言，当面对那些满腹经纶的八股时，不用棒子而用其他方法，就不会有"立竿见影"的效果了。所以德山的学生、著名的岩头禅师在评论其师时说："德山老汉寻常只据一条白棒，佛来亦打，祖来亦打。"

德山以棒闻名，临济以喝传世。但临济的喝，也是从棒上得来的。临济大悟因缘，历来被作为禅师们参究的典范，在这里录下来供大家参考：

> 师（临济）初在黄檗会中，行业纯一。时睦州为第一座，乃问："上座在此多少时？"师曰："三年。"州曰："曾参问否？"师曰："不曾参问，不知问个甚么？"州云："何不问堂头和尚，如何是佛法的的大意？"师便去，问声未绝，檗便打。师下来，州问："问话作么生？"师曰："某甲问声未绝，和尚便打，某甲不会。"州曰："但更去问。"师又问，檗又打。如是三度问，三度被打。师白州曰："早承激劝问法，累蒙和尚赐棒，自恨障缘，不领深旨。今且辞去。"州曰："汝若去，须辞和尚了去。"师礼拜退。州先到黄檗处曰："问话上座，虽是后生，却甚奇特。若来辞，方便接伊。已后为一株大树，覆荫天下人去在。"师来日辞黄檗，檗曰："不须

他去，只往高安滩头参大愚，必为汝说。"师到大愚，愚曰："甚处来？"师曰："黄檗来。"愚曰："黄檗有何言句？"师曰："某甲三度问佛法的的大意，三度被打。不知某甲有过无过？"愚曰："黄檗恁么老婆心切，为汝得彻困，更来这里问有过无过。"师于言下大悟，乃曰："原来黄檗佛法无多子。"愚挡住曰："这尿床鬼子，适来道有过无过，如今却道黄檗佛法无多子。你见个甚么道理？速道，速道！"师于大愚肋下筑三拳，愚拓开曰："汝师黄檗，非干我事。"师辞大愚，却回黄檗。檗见便问："这汉来来去去，有甚了期？"师曰："只为老婆心切。"便人事了，侍立，檗问："甚处去来？"师曰："昨蒙和尚慈旨，令参大愚去来。"檗曰："大愚有何言句？"师举前话。檗曰："大愚老汉饶舌，待来痛与一顿。"师曰："说甚待来，即今便打。"随后便掌。檗曰："这疯颠汉却来这里捋虎须。"师便喝，檗唤侍者曰："引这疯颠汉参堂去。"

（《五灯会元·卷十一》）

这则公案，"棒"的作用极大。纵观全文，无一处谈论道理之处。"原来黄檗佛法无多子"的黄檗若有"佛法"，就不是禅宗的风范了。正是这个"无"，正是这个处处用棒子表现的"无"，才能把最深最活的佛法——那个深藏在各种内容中，被种种"浮云"遮障着的"自性"、"正法眼藏"剥剔而出。这种"逼拶"可是旋乾转坤，易筋洗髓啊！

吾师本光老法师，在其《临济禅初探》"临济禅的顿悟功行和其他宗派的比较"一文中，对论说禅宗各家特色有独到之处，并深刻点出了棒喝的妙用，这里摘要录出有关部分，以飨读者：

　　百丈下另一支的沩仰宗，开堂说法早于诸家。沩山说："研穷至理，以悟为则。"至于仰山则竟谓："悟则不无，怎奈落在第二头。"他这样说，还是沩山所说的"实际理地不受一尘"之意。不悟则不到，悟了又落第二，说明此事实难排拘。沩山教仰山："以思无思之妙，反思灵焰之无穷。思尽还源，性相常住，事理不二，真佛如如。"仰于言下顿悟。此即随于"寻思"的言说，刬入顿悟的极境。仰山教人："能思者是心，所思者是境，彼处楼台亭苑人马骈阗，汝反思的还有许多般也无？"僧于言下有省。此即谛听"寻思"的言说，靠近顿悟初门。沩仰这样开示学人，显然即以"寻思"为功行要着，借"寻思"的方便而触发顿悟也。须知这即为一般传统的禅宗正行。但这与临济提持的"一念缘起无生"和"随处作主，立处皆真，一切境缘，回换不得"，"直是现今更无时节"等顿悟功行有异。临济大悟前，发问吃棒，在他只有一个反应"有过无过"，经过大愚的点拨，那也不是教他"寻思"，直是紧骤的提起，教他当下瞥地。果然临济只在当人鉴觉下一念忽然顿开了。看临济大悟的关键，的确念头若经"逼拶"，外不放入，内不放出，即可脱然顿悟。自己却能这样行，哪能重增愁结，展转"寻思"？如上两则"寻思"悟道例子，遇人即可，若真自行，寻思即瞎。

本光老法师在这段文中，以"逼拶"、"寻思"为纲，点明了沩仰、临济、曹洞、云门、法眼五宗的同异，而独彰临济。本光老法师法出临济，于棒喝深有领悟，但于沩仰、曹洞"寻思"之功夫，多不以为然，此论诸宗未必苟同。但本光老法师对"逼拶"的发挥，却深具法眼。至于五宗之说，在后面章节有专述，兹不多赘。

棒喝的功用，并不仅为棒喝，其引申变化甚多，下面举"云门悟道因缘"一观。

云门宗的开山祖师云门文偃禅师，在法统上是继承德山——雪峰一系的禅法，而在开悟上，则是得力于帮助临济禅师的那个睦州老禅师，你看他：

> 往参睦州，州才见来，便闭却门。师乃扣门，州曰："谁？"师曰："某甲。"州曰："作甚么？"师曰："己事未明，乞师指示。"州开门，一见便闭却。师如是连三日叩门，至第三日，州开门，师乃拶入，州便擒住曰："道！道！"师拟议，州便推出，曰："秦时镀

轹钻。"遂掩门，损师一足，师从此悟入。

（《五灯会元·卷十五》）

云门与临济一样，都是锲而不舍，连续三次去叩老师之门，不过他不是挨棒子打，而是"损"了一只脚，把脚踝骨折断成了跛子。虽然如此，云门禅师却成为一位伟大的禅师。

三、机锋转语

——对禅境"死活"的检验

前面所引凌行婆的公案，相互往来的是"机锋"和"转语"，在其中，除澄一禅客的禅境是"死"的外，其他几位高手当然都是"活"的。"棒喝截流"，是达到"言语道断，心行处灭"必不可少的手段，但被"断"、"灭"后的那个"心"，不能为"断"、"灭"而断灭——断灭见是邪见，为佛法所不取。而"言语道断，心行处灭"的这种"断"、"灭"，仅仅是作为"截流"中的那么一个关口，关口一过，"言语道"也无须去"断"，"心行处"也无须去"灭"，那个思维流、意识流也无须去"截"。因为明心见性，一悟便了，所悟之后，对主观和客观都毫无增损，是"无得无失"的。若硬要说得到个什么，就是禅宗内常说的那个"见地"——超常的判断能力，也可以说是强有力的"正知正见"，如沩山对仰山说的："只贵子眼正，不说子行履。""眼正"——有了"见地"，便不落"有无"，本身就是"不二法门"，如禅宗内常说的"赤裸裸净洒洒"。这种纯真纯一之见，是"见与佛齐"的，是活泼泼的。如果"见地"不真，那就不死即僵，最多成个"自了汉"，对他人说不上功用。如那些山中独修数十年的"无名行者"，哪怕他们修为再高，对社会、对众生没有有益的影响，所以禅宗认为那不过是一个"死人"而已。所以，对"见地"死活的勘验，是禅生活中的重要内容，而机锋转语，则是其中的主要方式。先看两则公案：

沩山、五峰、云岩侍立次，师（百丈）问沩山："并却咽喉唇吻，作么生道？"（不用语言，说上一句）山曰："却请和尚道。"师曰："不辞向汝道，恐已后丧我儿孙。"又问五峰，峰曰："和尚也须并却。"师曰："无人处斫额望汝。"又问云岩，岩曰："和尚有也未？"师曰："丧我儿孙。"

（《五灯会元·卷三》）

在这里，百丈禅师要他三个学生下句转语，沩山、五峰早已开悟，所以从容过关，而云岩当时远未发明，所以吞吞吐吐、糊里糊涂，"丧我儿孙"——这个学生算完了。再如在这个公案之前还有个"三师玩月"的公案：

一夕，西堂、百丈、南泉随侍玩月次，师（马祖）问："正恁么时如何？"堂曰："正好供养。"丈曰："正好修行。"泉拂袖便行。师曰："经入藏（西堂智藏），禅归海（百丈怀海），唯有普愿（南泉普愿），独超物外。"

（《五灯会元·卷三》）

马祖这三个学生都是优秀的，都过了关，但又各有各的特点而不拘一格。在这两则公案中，机锋和转语的用意是明确的，没有"明心见性"的，必然败下阵来，如当时的云岩那样。

（一）天性人也，人心机也

禅机，因其"不可说"而显得分外神秘。因其神秘，自然引起了许多不甘心的人执著的追求，但追求的结果往往是"泥牛入海"，或者"头上安头"，把局外人看得眼花缭乱，寸步难行。

这里首先要弄清楚什么是"机"。机在中国古代思想中是一个非常特别、重要的概念，《周易》中有："几者，动之微，吉凶之先见者也。君子见几而作，不俟终日。""夫易，圣人之所以极深而研几也。唯深也，故能通天下之志；唯几也，故能成天下之务；唯神也，故不疾而速，不行而至。"在这里，"深"、"几"、"神"都是"几"，而且是"几"

的三种表现形态。而道教秘典《黄帝阴符经》更说："天性人也，人心几也。"（先秦的"几"字，后来被加了个木旁而成为今天的"机"）就把原本深玄难测的"机"变得更加深玄了。

的确，在人生的旅途上，几乎每一个人都在预测和捕捉着自己的机遇，但这个机遇往往是看不见、摸不着的。"无可奈何之谓命"，太过了，若改为"无可奈何之谓机"，可能还要恰当一些。周敦颐说："运行于有无之间，几也。"可以说是对"机"较为准确的定义。

"运行于有无之间"的这个"机"本来就难以捉摸了，前面再加一个禅字，成了"禅机"，则更使人费解。其实，"机"就是某种事物的潜在因素，参禅求悟，也有其开悟的内在因素，这个因素就是"机"，而且就是"禅机"。近代本光老法师教人习禅时，强调应先培养"顿悟意乐"，即读佛教的经典、读禅宗的公案时都应"先存一念"，把求悟之心放在这一念中，使之成为"顿悟意乐"，其实这就是为自己的开悟"种因"，预先布下"禅机"。当然，机还有机缘之机等。

"锋"是什么呢？"锋"是刀刃，是剑尖，是枪尖。没有这样锐利的"锋"，被重重外壳包裹住的"禅机"就难以显现，"锋"就是用以剥除包裹"禅机"外壳的工具。人与人不同，各人的知识、经历、心态的积淀都不同，对禅的修为也不同。而禅宗的机锋，就是要剥除那种种的外壳，而使你的"那个"真正得以显现，即所谓"脱颖而出"。

禅师们用"锋"，把学生们的"机"挑露出来之后，学生们还应交上答卷，这就是所谓的"转语"。"转"者旋转也，如同螺旋一样旋转不停，所以又叫"活语"而不是"死语"。所谓"活语"，是自己悟后的那种真切实在的感受；所谓"死语"，则是书本教条一类的答语。如前面所引夹山禅师"法身无相"这个答话，先是"死语"，后来才是"活语"。当然，"转语"还是禅师们相互勘验、印证的一种方式，仍然属于"机锋"里的一个类别，如前面所引凌行婆那则公案，真是非人们思维卜度之所能及。

"天性人也，人心几也"是《阴符经》中的一句，虽是道家的话，用以说明禅宗之禅也是恰到好处。"一切众生皆有佛性"就是"天性人也"，"皆可成佛" 就是 "人心几也"。本光老法师在《临济禅初探》一书中，以临济义玄禅师大悟因缘这一典型范例，作了如下分析：

> 临济大悟因缘，即提示了禅宗顿悟的最高原则，所以说它为顿悟的典型范例。兹举三个特点以明之：其一，悟缘多而能奋迅集中又不依缘，确有大悟的了因存在，不同于自沉死水，暗中摸索等待。其次，悟境过程划然分明，又无企求，确有透彻实际的大悟；不同于陇侗汉得些子惺忪小歇场，自以为悟。其三，随大悟的开展即现起观照，鉴觉下炳炳烺烺的 "机用"（棒、喝、言句）自然而至；不同于一般记忆仵思的知解，捏合意识的情见。这三点实为顿悟的最高原则……

本光老法师所谈的 "顿悟最高原则" 就是 "禅机"——也就是其中第一条："大悟的了因。" 后面两条，则是这个 "了因" 显现后的必然机用，如棒、喝、言句——又可引申为机锋转语。在本光老法师的这个 "顿悟最高原则" 中，是把悟境的 "死" 与 "活" 对照而言的，这三条前面的是 "活"，而后面对照的则是 "死"。你看，"自沉死水，暗中摸索等待" 是 "死"；"陇侗汉得些子惺忪小歇场，自以为悟"，是 "死"；"记忆仵思的知解，捏合意识的情见"，还是 "死"。

禅宗内常说 "参须真参，悟须实悟"，真参实悟的悟，其境界必须是活的；虽然真参未能得悟，当然谈不上悟境；有的人虽然参学努力，但未实悟，见了一些小境界自以为悟，所表现出来的 "悟" 必然是死的，下面我们来看这则公案：

> 云岩昙晟禅师……参百丈海禅师二十年，因缘不契。后造药山，山问："甚处来？" 曰："百丈来。" 山曰："百丈有何言句示徒？" 师曰："寻常道：'我有一句子，百味具足。'" 山曰："咸则咸味，淡则淡味，不咸不淡是常味。作么生是百味具足的句？" 师无对。山曰："争奈目前生死何！" 师曰："目前无生死。" 山曰："在百丈多少时？" 师曰："二十年。" 山曰："在百丈二十年，俗气也不

除。"他日侍立次，山又问："更说甚么法？"师曰："有时道：'三句外省去，六句内会取。'"山曰："三千里外，且喜没交涉。"山又问："更说甚么法？"师曰："有时上堂，大众立定，以拄杖一时趁散。复召大众，众回首，丈曰：'是什么？'"山曰："何不早恁么道，今日因子得见海师。"师于言下顿省，便礼拜。一日山问："汝除在百丈，更到甚么处来？"师曰："曾到广南来。"曰："见说广州城东门外有一片石，被州主移去，是否？"师曰："非但州主，阖国人移亦不动。"山又问："闻汝解弄师子，是否？"师曰："是。"曰："弄得几出？"师曰："弄得六出。"曰："我亦弄得。"师曰："和尚弄得几出？"山曰："我弄得一出。"师曰："一即六，六即一。"后到沩山，沩曰："承闻长老在药山弄师子，是否？"师曰："是。"沩曰："长弄？有置时？"师曰："要弄即弄，要置即置。"曰："置时师子在甚么处？"师曰："置也，置也。"

（《五灯会元·卷五》）

云岩禅师先在百丈禅师那里参学二十年之久，毫无所悟，后来参药山禅师，在药山那里开悟。云岩禅师悟前悟后，境界是截然分明的，悟前不得"活"，悟后"死"不了。云岩有个师兄，就是前面我们曾提到的那个道吾禅师。道吾开悟早，云岩开悟迟，道吾对云岩的帮助不少。在上面那则公案中，还应穿插这么一则公案在其中：

师（道吾）离药山见南泉，泉问："阇梨名甚么？"师曰："宗智。"泉曰："智不到处，作么生宗？"师曰："切忌道著。"泉曰："灼然，道著即头角生。"三日后，师与云岩在后架把针。泉见乃问："智头陀前日道，智不到处切忌道著，道著即头角生，合作么生行履？"师便抽身入僧堂，泉便归方丈。师又来把针。岩曰："师弟适来为什么不祗对和尚？"师曰："你不妨灵利。"岩不荐，却问南泉："适来智头陀为甚不祗对和尚，某甲不会，乞师垂示。"泉曰："他却是异类中行。"岩曰："如何是异类中行？"泉曰："不见道，智不到处切忌道著，道著即头角生。直须向异类中行。"岩亦不会。师知云岩不荐，乃曰："此人因缘不在此。"却同回药山，山问："汝回何速？"岩曰："只为因缘不契。"山曰："有何因缘？"岩举前话，山曰："子作么生会他，这个时节便回？"岩无对，山乃大笑。岩便问："如何是异类中行？"山曰："吾今日困倦，且待别时来。"岩曰："某甲特为此事归来。"山曰："且去！"岩便出。师（道吾）在方丈外，闻岩不荐，不觉咬得指头血出。

（《五灯会元·卷五》）

这里所引公案虽长，却非常必要，因为云岩禅师悟前悟后的境象是截然分明的。特别是后一则公案，云岩在悟前面对"机锋"显出种种窘相，而道吾却自由自在，显得从容不迫，甚至为云岩的不能"悟"，着急得把手指咬得出血。从这里可以看到，云岩禅师的确是真参、苦参。好在老师、师兄都是明眼人，药山见他参禅几十年都不能悟，于是追本溯源，引出百丈禅师"唤众回头"的公案，再轻轻一点，才使云岩终于开悟。云岩参禅二十多年不得，若是常人，早就自暴自弃，或疑而不与了。但他的"机"是深厚的，虽然反应远比道吾、赵州、临济迟钝，后来在"锋"上反复剥剃，这个"机"才终于脱出，成为一代宗师。

（二）九十六转语与坐脱立亡

沩山禅师当年对仰山禅师所说："只贵子眼正，不说子行履。"历来有许多人不以为然。但这两位是沩仰宗的祖师，功行出神入化，所以也不好公开说些什么。这里有一个问题，对于佛教的修行，正确的检验标准是什么？机锋转语能代表如实的修证吗？机锋转语的标准又是什么呢？

有一类修行人，如预知时日而坐脱立亡，火化得舍利若干，再如活上百来岁，或有神通应世。不论是出家人或在家人，绝对会得到信众的尊仰和崇敬。以笔者所见，1989 年海灯法师圆寂，火化得舍利子三十二粒；1991 年中秋本光法师预知时日，在与徒众们笑谈中溘然西归，火化得舍利四十二粒；1992 年农历三月十五，乐至报国寺离欲老和尚以百零八岁高龄，预知时日，预立法嗣，安详坐化，留存肉身……这些在蜀中佛教界均为美谈。他们都是当代高僧，或文或武或禅，修为人所共睹，但也难免一些闲言杂语。在禅风盛行的时代，他们也算是佼佼者了，无知者的闲言杂语又算得了什么呢？

但有一类"坐脱立亡"的，却未必为禅门称道。禅宗认为，戒定慧三学修为，固是学佛者的必须，若未经"向上一路"的锤炼，则未免可惜。禅宗所重，在于明心见性，如六祖大师所说："唯论见性，不论禅定解脱。"所以，在禅门中，有的僧人在常规止观上有很深的造诣，但没有"明心见性"，所以只是"自了汉"，入不了"最上乘禅"的堂奥。我们来看下面的公案：

> 九峰道虔禅师……尝为石霜侍者，泊霜归寂，众请首座继住持。师白众曰："须明得先师意，始可。"座曰："先师有甚么意？"师曰："先师道：'休去，歇去，冷湫湫地去，一念万年去，寒灰枯木去，古庙香炉去，一条白练去。'其余则不问，如何是一条白练去？"座曰："这个只是明一色边事。"师曰："元来未会先师意在。"座曰："你不肯我耶？但装香来，香烟断处，若去不得，即不会先师意。"遂焚香，香烟未断，座已脱去。师抚座背曰："坐脱立亡即不无，先师意未梦见在！"
>
> （《五灯会元·卷六》）

这是禅宗内著名的"问杀首座"公案，那个首座和尚，能在一炷香的时间内说走就走，"坐脱立亡"，已达到了对于生命来去自由的火候。以一般佛教徒的眼光来看，这位首座和尚的修行是成功的，层次是相当高的。但九峰道虔禅师对此却不称道："坐脱立亡即不无，先师意，未梦见在！"禅宗内当然是承认道虔而不承认那个首座，为什么呢？因为首座和尚没有过"转语"这一关，在"转语"上是交了白卷的，是谈不上"明心见性"的。下面再看一则公案。

云居道膺是洞山良价禅师门下的主要传人，在洞山那里参学已有相当的火候。在与洞山的机锋往来中，一次洞山曾被他问得"禅床震动"，并说："我在云岩时曾问过他老人家，直得火炉震动；今天被你小子一问，直弄得我通身汗流。"虽然如此，道膺也并未彻悟。他到山顶结庵闭关，十多天都不回来吃斋。有一次他回来，洞山问他："近来你为什么不回来吃斋饭呢？"道膺说："用不着，我吃得很好，每天都有天神来送食供养我。"洞山脸色一变，说："小子，我原以为你不错，结果你还有这些俗知见在啊！晚上你到我这儿来。"道膺晚上如期而至，洞山问他："不思善，不思恶，是什么？"道膺这下才心领神会，回到山顶，寂然宴坐，天神自此寻他不见，以后的境界就不同了。洞山一次问他："你在做什么？"他说："合酱。"洞山问："用多少盐？"他说："旋入。"洞山又问："那成什么滋味呢？"他回答说："得。"洞山又问："大阐提人作五逆罪，孝养何在？"他说："始成孝养。"这样，他才得到洞山的最后印可，"许为室中领袖"。

受到天神供养，对于一个佛教徒来说，不是有极高的道德和修持，哪来这样的美事。但禅宗却认为这是误入歧途，没有直趋"向上一路"。好在道膺回头得快，也亏了洞山禅师心明眼亮，不愧是一代宗师。道膺与曹山齐名，同为曹洞宗的领袖人物，他"领众开法"后，还有一段佳话。

道膺在云居山当方丈和尚时，山上有一位苦行者结庵清修，衣裤都不穿，道膺就派侍者给他送了一套衣裤。但那位苦行者却不要，说："我自有娘生就的一身衣裤。"道膺再派侍者去，并带一句话问他："娘未生你时，你穿的是什么呢？"那位苦行者答不出来。后来他圆寂了，火化后有舍利子若干，遗言要让道膺过目。道膺说："直饶得八斛四斗（舍利），不如当时下得一句转语好！"

转语真的那么重要吗？当然重要，参禅一辈子，转语是对"明心见性"所交的答卷，转语若是"死"的，就没有及格；转语若是"活"的，才能及格，也才能得到禅师的印可并得到相当于"衣钵"的那个"法卷"。

洞山禅师有次提出一个问题，要僧众们下转语。甲某连下了九十六次转语都不合格，后来他又下了第九十七次转语，洞山祖师才认可，说："你怎么早不说这一句呢!"当时屋外乙某在偷听，但恰恰没有听到最后一句，于是就向甲某请教，但甲某却不说。乙某不死心，纠缠甲某三年，并且寸步不离。有一天，甲某病得起不了床，乙某拿了一把刀来，威胁说："你若不告诉我，我就把你杀了。"甲某吓得发抖，只好说给乙某，这一句转语是什么呢？就是"就算到了将来，也没有任何着落之处"。乙某达到了目的，非常满意，一面向甲某致谢，一面也道了歉。

这个转语虽经洞山禅师认可，但甲某和乙某未必就"明心见性"了，九十六转语，缺牙巴咬虱子，碰巧了吧。宋代大慧宗杲禅师在圆悟克勤禅师那里参禅时，对"有句无句，如藤倚树"连下了四十九个转语都不及格，又苦参了半年，到了"狗看热油铛，要舐舐不得，要舍又舍不得"的程度，最后圆悟禅师看准了火候，再轻轻一引，大慧宗杲才得以开悟。

面对着老禅师们脱空而来的一些机锋，要下一句转语不是一件容易的事。有的人虽有悟境，若悟境不彻，那转语也会下不到位的，如著名的"南泉斩猫"公案。

南泉禅院东西两堂的僧人为争一只猫儿吵了起来，南泉禅师看见了，说："你们若能下得一句转语，猫儿就归那堂僧人，若下不得，我就把猫儿斩了。"结果东西两堂都下不了这个转语，南泉于是就把猫儿斩了。过了一会儿赵州从外面回来，南泉向他说了斩猫的事，并要赵州下句转语。赵州一言不发，脱下鞋子放在头上就走了出去。南泉说："你若当时在场，那猫儿就得救了。"再如"赵州勘台山婆子"公案，里面的机锋和转语，也会把人弄迷糊的：

> 有僧游五台，问一婆子曰："台山路向甚么处去?"婆曰："蓦直去。"僧便去。婆曰："好个师僧又恁么去。"后有僧举似师（赵州），师曰："待我去勘过。"明日，师便去问："台山路向甚么处去?"婆曰："蓦直去。"师便去。婆曰："好个师僧又恁么去。"师归院谓僧曰："台山婆子为汝勘破了也。"

> （《五灯会元·卷四》）

这个公案的机锋在哪里呢？转语又在哪里呢？里面的几位主人公谁的脚跟稳呢？后来一些禅师常常这样发问：到底是婆子勘破了赵州，还是赵州勘破了婆子呢？赵州禅师的机锋转语妙绝天下，如：

> 问："如何是祖师西来意？"师云："庭前柏树子。"云："和尚莫将境示人。"师云："我不将境示人。"
>
> 问僧："离甚么处？"云："雪峰。"师云："雪峰有何言句示人？"曰："寻常道：'尽十方世界，是沙门一只眼，你等诸人，向甚处屙？'"师曰："阇梨若回，寄个锹子去。"
>
> 师问新到："曾到此间么？"曰："曾到。"师曰："吃茶去。"又问僧，僧曰："不曾到。"师曰："吃茶去。"后院主问曰："为什么曾到也吃茶，不曾到也吃茶？"师召院主，主应诺，师曰："吃茶去。"
>
> 问："狗子还有佛性也无？"师曰："无！"云："上至诸佛，下至蝼蚁，皆有佛性，狗子为什么却无？"师曰："为伊有业识在。"
>
> 问："狗子还有佛性也无？"师曰："有。"曰："既有，为什么入这个皮袋里来？"师曰："知而故犯。"

翻开《赵州语录》，满卷尽是如珠走盘的禅机，有的如鸟语花香，有的如春雨淅沥，有的如炎炎夏日，有的如飒飒西风，有的如刺骨冰霜。但不论春夏秋冬，里面都有掩饰不了的活力。赵州虽不入禅宗的五宗七家，但赵州禅却浸透了五宗七家，参禅不读《赵州语录》，那一定是干枯的。赵州的机锋转语，有时看似平淡，却往往使人摸不着头脑；有时看似险奇，却又有路径可通；有时既平淡又险奇，令参禅者叫绝或叫苦不迭。如：

> （赵州）上堂："至道无难，唯嫌拣择。才有语言，是拣择，是明白。老僧不在明白里，是汝还护惜也无？"时有僧问："既不在明白里，护惜个什么？"师云："我亦不知。"僧云："和尚既不知，为什么道不在明白里？"师云："问事即得，礼拜了退。"
>
> （《古尊宿语录·卷十三》）

"至道无难，唯嫌拣择"是禅宗三祖在其《信心铭》中一句归宗的话，"拣"是挑选，"择"是选择，意思是学道本无难处，难就难在人们的取舍心难去。赵州引用后又说："一涉及语言，当然是经过思维选择才表达出来的，经过思维的选择和判断的东西，当然是'心里明白'的。但我这个老和尚却不在这个明白清醒的认识之中，若是你们，是舍得，还是舍不得呢？"有个和尚站出来说："既然不在明白里，那又用什么来判断舍得、舍不得的那个东西呢？"赵州说："我也弄不清楚。"那个和尚追问道："您老既然自己都弄不清楚，为什么还要说'不在明白里'这样自相矛盾的话呢？"赵州说："你的问题提得差不多了吧？快给我叩个头，回去吧！"

这里是机锋？是转语？赵州自不用说，那个问话的和尚也并非泛泛之辈，一句紧追一句，追得赵州躲避不得。亏得是赵州，"问事即得，礼拜了退"，把上面的一切全都抛在了一边。

（三）棒下无生忍，临机不让师

百丈禅师对黄檗说："见过于师，方堪传授；见与师齐，减师半德。"无疑是鼓励弟子们要有冲决罗网的果敢精神。禅宗的方法是彻底的否定，只有在这个彻底的否定中，才能得到绝对的肯定——顿悟成佛。所以，得到这种精神的，在行为上就会表现出"棒下无生忍，临机不让师"这样的大机大用，也才使唐五代的禅师们如龙似虎，在中国佛教史上演出了一幕幕既清雅又雄浑的喜剧，使后人叹为观止。

"棒下无生忍，临机不让师"，在师道尊严的古代中国，只有禅宗才有如此的勇气和魄力敢于做到这点。唐五代禅师们的种种奇言异行，无不浸透了这种绝对"自由自在"的精神，下面我们来欣赏几则公案。

邓隐峰是马祖的学生，是那位"竿木随身，逢场作戏"，但又因"石头路滑"而滑倒的喜剧演员，你看：

　　邓隐峰辞师（马祖），师曰："甚么处去？"曰："石头（希迁禅师处）去。"师曰："石头路滑。"曰："竿木随身，逢场作戏。"便去。才到石头，即绕禅床一匝，振锡一声，问："是何宗旨？"石头曰："苍天，苍天！"峰无语，却回举似师。师曰："汝更去问，待他有答，汝便嘘两声。"峰又去，依前问，石头乃嘘两声，峰又无语，回举似师。师曰："向汝道'石头路滑'。"

（《五灯会元·卷三》）

邓隐峰没有彻悟，自以为是，遇到了石头希迁大师这样一等一的高手，立刻败下阵来。"石头路滑"——石头禅师的机锋是少有人能下转语的，不知多少人在上面跌了跟头。也是这个邓隐峰，在马祖的调教下终于彻悟了，这下，气派就不可同日而语了，你看：

师（邓隐峰）一日推车次，马祖展脚在路上坐。师曰："请师收足。"祖曰："已展不缩。"师曰："已进不退。"乃推车碾损祖脚。祖归法堂，执斧子曰："适来碾损老僧脚的出来！"师便出于祖前，引颈，祖乃置斧。

（《五灯会元·卷三》）

"已进不退"这是什么气概，敢于推车从马祖脚上一碾而过。马祖回去拿起斧子，他居然敢把头伸过去。若没有达到火候，谁敢与老师开这么大的玩笑。而马祖为了考验和激励弟子，甚至不惜牺牲自己一条腿，这又是什么精神。联系到前面船子和尚"舍命施法"，禅师们的这种崇高，绝非做作得出来。邓隐峰后来还有若干的表演：

师到南泉，睹众僧参次，泉指净瓶曰："铜瓶是境，瓶中有水，不得动著境，与老僧将水来。"师拈起净瓶，向泉面前泻，泉便休。师后到沩山，便入堂于上板头解放衣钵。沩闻师叔到，先具威仪（改便装为上堂的法装），下堂内相看。师见来，便作卧势。沩便归方丈。师乃发去。少间，沩山问侍者："师叔在否？"曰："已去。"沩曰："去时有甚么语？"曰："无语。"沩曰："莫道无语，其声如雷。"

（《五灯会元·卷三》）

　　南泉禅师刁钻古怪，素称"难缠"，虽与邓隐峰为同门弟兄，但名气声势要大得多。沩山禅师则素来平实，大有其师百丈的风格，也没有其徒仰山刁钻。邓隐峰游戏于其间，如鱼得水，表现出自己特有的古怪。他晚年圆寂时也很古怪，请看下面的公案：

　　　　（临化时）先问众曰："诸方迁化（圆寂），坐去卧去，吾尝见之，还有立化也无？"曰："有。"师曰："还有倒立者否？"曰："未尝见有。"师乃倒立而化，亭亭然其衣顺体。时众议异（抬）就荼毗（火化），屹然不动，远近瞻睹，惊叹无已。师有妹为尼，时亦在彼，乃拊而咄曰："老兄，畴昔不循法律，死更荧惑于人？"于是以手推之，偾然而踣，遂就阇维（火化），收舍利建塔。

　　　　　　　　　　　　　　　　　　　　　　　　（《五灯会元·卷三》）

　　邓隐峰的玩笑的确开得太大，风头出得太足，古往今来，"倒立而化"的可能只此一例，而且"亭亭然其衣顺体"——能做倒立的老头子，身体想来蛮好，而且常在运动，才能做到。倒立完毕，自觉地气绝身亡，这要多么大的功夫，而且身穿的僧袍"亭亭然其衣顺体"，并不因倒立而反褪下来，这又是一奇。虽然如此，免不了被他妹妹一顿臭骂。

　　邓隐峰怪，比他稍后一时的岩头全豁禅师也怪。岩头是"德山棒"——德山宣鉴禅师的首席弟子，从他进入师门的第一天就开始作怪：

　　　　后参德山，执坐具上法堂瞻视。山曰："作么？"师（岩头）便喝。山曰："老僧过在甚么处？"师曰："两重公案。"乃下参堂。山曰："这个阿师稍似个行脚人。"至来日上问讯，山曰："阇梨是昨日新到否？"曰："是。"山曰："甚么处学得这虚头来！"师曰："全豁终不自谩。"山曰："他后不得辜负老僧。"一日，参德山，方跨门便问："是凡是圣？"山便喝，师礼拜。（有人向洞山禅师汇报了这一幕，洞山感叹地说："若不是豁公，是难以承当得起德山老和尚这一喝的。"而岩头不买账，却说："洞山这老和尚不识好恶，错下了名言。"）雪峰在德山作饭头，一日饭迟，德山擎钵下法堂，峰晒饭巾次，见德山，乃曰："钟未鸣，鼓未响，托钵向甚么处去？"德山便归方丈。峰举似师，师曰："大小德山未会末后句在。"山闻，令侍者唤师去，问："汝不肯老僧耶？"师密启其意，山乃休。明日升堂，果与寻常不同。师至僧堂前，拊掌大笑曰："且喜堂头老汉会末后句，他后天下人不奈伊何！虽然，也只得三年活。"山果三年后示灭。

（《五灯会元·卷七》）

岩头禅师在德山那里，哪里像个学生，简直是在当老师。而德山禅师，却是以"激箭禅道"响彻天下的大师，"德山棒"——德山老和尚本人就如同狮子一样威武，却默默地忍受了岩头这个学生的各种撕咬。这一对师徒，可以说是"禅林双怪"。德山禅师若心有半点尘埃，也受不得其学生这般的无理；岩头心中若有半点尘埃，也绝不敢在老师面前如此张扬。真正的禅师，心胸豁达，了无点尘。正因为他们师徒光明正大，智慧深远，才导演出"末后句"这幕以德山禅师生命做彩头的禅宗重头戏、压轴戏。后来禅宗内盛行"三关"之说，"末后一句始到牢关"——破本参、透重关、砸牢关，只有砸了"牢关"，才有彻底的"悟"，可见这个"末后句"之重要。而岩头与德山所导演的这个"末后句"，这个作为"牢关"的"末后句"，对于扫荡"八股禅"、"文字禅"、"狂禅"等似是而非的伪禅，起到了巨大的作用。若没有"棒下无生忍，临机不让师"的气魄，这出戏演得出来吗？

后来，岩头和雪峰义存两师兄拜辞德山外出游方，德山问他们："准备到哪里去呢？"岩头说："暂辞和尚下山去。"德山问："你以后怎么干呢？"岩头说："不忘。"德山又问："你凭什么这样说呢？"岩头说："禅林中不是早有'见过于师，方堪传授；见与师齐，减师半德'这种说法吗？"德山说："是啊，是啊，你们好好护持吧！"从这里可以看到他们师徒间真实的情谊，这种情谊，不是世俗的，而是建立在"道"上的，没有对于大道的明见，圣君贤相也不会有如此的心胸。真正的禅师心中，没有"功高压主"、"尾大不掉"之类的顾忌。佛教内常说，依法不依人，依了义不依不了义。真理面前人人平等，在人世间只是一种难以实现的理想，而在见道的禅师间，却是一种无须证明的生活。

再如临济禅师大悟后，先打大愚禅师，后打其师黄檗，有时是师徒互打。"临济三顿棒"这段公案，历代禅师对此唱颂不少，而禅门内公认的临济第七代传人、杨岐派的第二代传人白云守端所作的颂词最妙，不妨录在这里供读者欣赏：

> 一拳拳倒黄鹤楼，一趯趯翻鹦鹉洲。
> 有意气时逞意气，不风流处也风流。

只有精神获得了彻底的自在，才能如天台智者大师那样："说己心中心地法门。"如岩头禅师所说："一一从自己心中流出，将来与我盖天盖地去。"才可能做到"有意气时逞意气，不风流处也风流"。当然，到了那时，不风流处的确也风流了。

（四）面对"腊月三十日"的转语

真正的佛教徒，是把"生死事大，无常迅速"这八个字贴在鼻尖上的。为什么呢？因为佛教的修行，目的是"了生脱死，得大解脱"，也就是要达到生命和智慧的自由和自在。

这是一个极其严肃的人生大事。佛教的"八万四千法门"都是为解决这个大事而设立。不论戒定慧、止观、六度波罗蜜、显教、密教，都是为了这一目的而展示其中的力量。以净土宗而言，它要求信奉者在"临命终时，一心不乱"；以禅宗而言，则要求禅者在"腊月三十，不要手忙脚乱"——腊月三十过年关，算总账，这一期生命结束时，怎么办呢？何去何从呢？

佛教认为，只要平常的戒定慧上了手，念佛得了法，谢世的人是可以"乘愿而去"的，就是以自己心愿之力，到自己想去的地方。修净土当然是到西方极乐世界，一些著名的大法师，如东晋的道安、唐代的玄奘、近代的太虚等，发愿往生兜率天的"弥勒内院"——以后可以追随弥勒菩萨降世人间，再为人类做贡献。当然，对于那些修行不力、业行不净的人来说，则随其"业力牵引"在"六道轮回"中不自由地"流转生死"了。

禅宗自称是"明心见性，顿悟成佛"的"向上一路"，它面对生死时的态度自然与佛教其他宗派有所区别，对生死的理解也有自己的特点，而面对"腊月三十"时更有与众不同的风光。禅宗认为"烦恼即菩提，生死即涅槃"，"法法平等"，似乎不太注重对过去、未来的追求，而坚定地把眼光和脚步放在"现在"这块坚实的土地上，并且"不移不易"。禅宗认为，对"现在"都把握不了的人，怎么能去奢谈"腊月三十"呢？哪有资格去谈"腊月三十"呢？

佛教"十二因缘"的教理，是对生命现象、生死流转的系统解释，禅师们当然不会否认这个涉及佛教根本理论的教理。禅师们既然强调"顿悟"，而"顿"就离不开现在，把"顿"这个关节点放在未来，就是"渐"而非"顿"了。所以禅宗立足于当下的解脱，趋向于对这个"十二因缘"的当下超越。在禅宗的公案中，有许多是直接面对生死的。前面我们所看到的道吾与渐源的公案，邓隐峰的公案，九峰道虔与首座的公案，"自有娘生袴"的那位苦行者与云居道膺的公案，都是有关生死的。下面我们再举一些公案，体会一下禅师面对生死时的究竟作为。

> 师（黄檗）曾散众在洪州开元寺。裴相公（裴休）一日入寺行次，见壁画，乃问寺主："这画是甚么？"寺主云："画高僧。"相公云："形影在这里，高僧在甚么处？"寺主无对。相公云："此间莫有禅僧么？"寺主云："有一人。"相公遂请师相见，乃举前话问师。师召云："裴休！"休应诺。师云："在甚么处？"相公于言下有省。
>
> （《黄檗断际禅师宛陵集》）

这是一则精彩的公案，画像中的前辈高僧到什么地方与自己有什么关系呢？关键是自己在什么地方呢！人们的那个"自我"，平时迷茫于万事万物之中，许多人在八方寻找"自我"。这个"自我"在"现在"尚不知所在，何况到了"腊月三十"那天。黄檗禅师指名道姓地那么一喝，使裴休陷在千我、万我中的那个"真我"一跃而出，这样的体会是直接、生动和强烈的，绝非是知识和理论所能达到的效果。这个"真我"一经跃出，用禅宗的话说，只要"保任"、"护持"得力，就会"明明历历"。"一灯能破千年暗"，生死和涅槃就在这个交会点上合而为一了，用禅宗的话来说，就是"路途即家舍，家舍即路途"了。不论上天入地，只有这个"真我"与自己形影不离，这个"真我"若是"觉"，那就无处不净土；这个"真我"若是"迷"，那就无处不地狱了。所以，禅宗强调"顿悟"，强调"当下一念"的明历，的确是中的之语，抓住了万法的核心，有了这"当下一念"的明历和觉悟才有了自由和解脱。至于以后又到什么地方去，"乾坤本一室，来去不动步"，本身就在大涅槃之中，还会有什么来去呢？还会理会那个俗人们才会生畏的生死吗？

当然，生死不是小事，要在"当下一念"中牢牢把握住它，并超越于它，必须有相当的火候，那些"惺忪小歇场，自以为悟"的，到"腊月三十"必然"手忙脚乱"。所以平时的涵养提持必不可废，禅师们在日常生活中对这个问题常常是敲打着的。

云岩禅师病重的时候，道吾问他："如果离开了这个臭皮囊，我们会在什么地方相见呢？"云岩说："不生不灭处相见。"道吾说："你怎么不说'不生不灭处，也不求相见'呢。"

这里是面对生死时所下的"转语"，是对禅师们的严肃考核。明心见性，大彻大悟，若在这个问题上有丝毫糊涂的念头，那就会贻笑于他人。坐脱立亡、说走便走的功夫在佛门中屡见不鲜，那些戒定慧功夫上手的老和尚大多有这个本领。但是否眼明心亮地"走"，是否"无贪无著"地走，如石霜庆诸禅师所说的"休去，歇去，冷湫湫地去，一念万年去，寒灰枯木去，古庙香炉去，一条白练去"，许多人是摸不着魂头的。如他那个立即可以"表演"坐脱立亡的首座弟子，尽管可以来去自由，但是眼睛不亮，下不了那个"转语"。道吾与云岩的这番话，也是针对这个问题而发的。下面我们连续地看几则相关公案。

药山禅师忌辰那天，云岩为药山设了斋供。有和尚问："不知先师还来不来?"云岩说："来不来? 大家在这儿设斋供为的是什么呢?"这里既是机锋，又是转语，但应落在什么地方呢?

再如洞山良价禅师在云岩参学"毕业"后，和云岩辞别时的对话：

> 师辞云岩，岩曰："甚么处去?"师曰："虽离和尚，未卜所止。"曰："莫湖南去?"师曰："无。"曰："莫归乡去?"师曰："无。"曰："早晚却回。"师曰："待和尚有住处即来。"曰："自此一别，难得相见。"师曰："难得不相见。"临行又问："百年后忽有人问，还邈得师真否，如何祗对?"岩良久，曰："只这是。"师沈吟，岩曰："价阇梨，承当个事，大须审细。"师犹涉疑，后因过水睹影，大悟前旨。
>
> (《五灯会元·卷十三》)

"待和尚有住处即来"，洞山这一句答得极险，人们生生死死，住处在什么地方呢?"百年后"、"只这是"，又是什么意思呢? 洞山当时尚未彻悟，尚有"涉疑"，所以云岩郑重指出："承当个事，大须仔细。"而洞山后来也因"过水睹影"方得明白。后来洞山把云岩的"真"——画像挂出来供养时，又引出一段佳话：

> 他日，因供养云岩真次，僧问："先师道'只这是'，莫便是否?"师曰："是。"曰："意旨如何?"师曰："当时几错会先师意。"曰："未审先师还知有也无?"师曰："若不知有，争解恁么道; 若知有，争肯恁么道。"
>
> (《五灯会元·卷十三》)

"只这是"是什么? 是画像的那个"真"吗? 是灵魂吗? 是当下的一念吗? 是自我吗? 都不是。那又是什么呢? 这个谜底，只有自己去揭。

"未审先师还知有也无?"这个"有"是什么呢? 指云岩禅师本人

吗？精神吗？无所不在的宇宙意识吗？说不清楚，这个谜底，还是留给自己去揭。

"若不知有，争解恁么道；若知有，争肯恁么道。"洞山禅师在这个问题上玩"魔方"，"知有"、"不知有"，变来变去，把旁人丢入生死的迷雾之中，让其去苦参。因为这个问题，包括这些公案本身，这段文字本身，都绝非理性或逻辑推论可以解决的，绝非文字上可以阐述的，这是禅师们面对生死的转语。"转"就不可能有一单纯笔直的思路，"转"就是实相和本体，不如实进入这重境界，连雾里看花的感受都谈不上，又怎能说与人呢！所以洞山当时也"几错会先师意"，何况他人。但这出戏尚未演完：

> 师因云岩讳日营斋，僧问："和尚于云岩处得何指示？"师曰："虽在彼中，不蒙指示。"曰："既不蒙指示，又用设斋作甚么？"师曰："争敢违背他。"曰："和尚初见南泉，为甚么却与云岩设斋？"师曰："我不重先师道德佛法，只重他不为我说破。"曰："和尚为先师设斋，还肯先师也无？"师曰："半肯半不肯。"曰："为甚么不全肯？"师曰："若全肯，即辜负先师也。"问："欲见和尚本来师，如何得见？"师曰："年牙相似，即无阻矣。"僧拟进语，师曰："不蹑前踪，别请一问。"僧无对。问："寒暑到来，如何回避？"师曰："何不向无寒暑处去？"曰："如何是无寒暑处？"师曰："寒时寒杀阇梨，热时热杀阇梨。"

（《五灯会元·卷十三》）

这不是"优哉游哉"的公案，远没有文人雅士吟风弄月的那种悠然和"禅"味，完全是面对生死这一问题刀刀见血的"实战片"。首先，洞山摆明了自己的位置："虽在彼中，不蒙指示。"后来雪峰也曾说过，他在德山那里是"空手来，空手归"，道由心悟，非自传授。六祖说："自修自行，自成佛道。"若有所传授，就是有为法而非无为法了。只有觉悟了这个"绝对的自我"，才不受时间、空间和生死的局限，才能有解脱和自在。所以洞山说："我不重先师道德佛法，只重他不为我说破。"道由己悟，由心悟，他人说破——受到指示的是他人的，不是自己的。只有自己悟得的才是真的，才不会在生死面前张皇失措而败下阵来。至于"半肯半不肯"，是洞山禅师对他学生的"不说破"，说破了就会"丧我儿孙"——使他人不得自悟。所以当被问及"和尚本来师"时——是释迦牟尼佛呢，是云岩禅师呢，还是洞山禅师自己的"佛性"呢？洞山回答说："年牙相似，即无阻矣。"相马必相牙，相人也要相牙。现代医学常用牙齿来判断有齿动物的年龄，这种方式在中国是古已有之。洞山这里的意思是当人体会到自己那个"不生不灭"的东西后，什么老师不老师、生死不生死之类的疑问都会一扫而空，就会有"事事无碍"的自然功用，这时"本来"也好，"本来师"也好，全都是多余的话了。最后一句，那个和尚问得最"毒"，"寒暑到来，如何回避？"也就是生死关头，怎么回避呢？洞山的回答，表明其禅修已到炉火纯青的境界："何不向无寒暑处回避？"但这个"无寒暑"——不生不灭的东西是什么呢？在哪儿呢？不在天堂，不在地狱，也不在佛国净土，"寒时寒杀阇梨，热时热杀阇梨"——就在目前的生死之中。

生死的问题不是当生死到来之时方才面对的，有哲学家说过，人一旦出生，就面对着死亡，生命度过了一天，距离死亡的时候就接近了一天。禅宗更直截地认为，生与死是不可分的一个整体，生就是死，死就是生，生死不二。这又绝非是一种知识或认识，而是精神本身的实质，也是生命本身的实质。人们执著于现在、过去和未来的这种分段时间，当然对于生死就有个解不开的谜团。而禅师们明白了"过去心不可得，现在心不可得，未来心不可得"，时间是一，只有一个永恒的"现在"。甚至这个"现在"也放下而不执著，这时还有什么对生死的疑惑呢？这是"超出三界外，不在五行中"的，必须自己去加以解决。洞山禅师面对生死下了不少转语，当他直接面对死亡时，情景又如何呢，是贻笑于人还是为他人所赞叹呢？请看下文：

师（洞山）不安，令沙弥传语云居（道膺），乃嘱曰："他或问和尚安乐否，但道云岩路相次绝也（准备与早去世的云岩禅师会面了）。汝下此语须远立，恐他打汝。"（知子莫如父）沙弥领旨去，传语声未绝，早被云居打一棒，沙弥无语。师将圆寂，谓众曰："吾有闲名在世，谁人为吾除得？"众皆无对，时沙弥出曰："请和尚法号。"（有眼不识泰山，则非泰山）师曰："吾闲名已谢。"（清扫干净）僧问："和尚违和，还有不病者也无？"师曰："有。"曰："不病者还看和尚否？"师曰："老僧看他有分。"曰："未审和尚如何看他？"师曰："老僧看时，不见有病。"（这个"我"，那个"我"须看得明白）师乃问僧："离此壳漏子，向甚么处与吾相见？"僧无对……乃命剃发、澡身、披衣，声钟辞众，俨然坐化（真是从容不迫）。时大众号恸，移晷不止（可惜明师，也说明法不私人，道在人得）。师忽开目谓众曰："出家人心不附物，是真修行。劳生惜死，哀悲何益？"（他去能回，千古只此一例，但这里未免惊世骇俗，也未免拖泥带水了）复令主事办愚痴斋（好个"愚痴斋"，能去人愚痴否），众犹慕恋不已（未能去其愚痴，好在云居一人在外）。延七日，食具方备（故意挽留其师），师亦随众斋毕，乃曰："僧家无事，大率临行之际，勿须喧动。"遂归方丈，端坐长往。当咸通十年三月（870），寿六十三。

（《五灯会元·卷十三》）

洞山禅师圆寂是极为风光的，"预知时日，安然坐化"对他而言大概早就是到家本领。有关的"转语"，后来成为验证他人的科律。化去而能来，来而再去，据史料所记录，可能仅此一例。洞山是自觉自由的，并非被动的、不自由的如此这般。所以机锋转语不是说着玩的，不是用来逞能的，这可是禅师们如实修炼和体证的自然流露，鹦鹉学舌类的、相声类的机锋转语，如《世说新语》内所记载的许多，最多是机智而已，谈不上洞山禅师这样深层的内涵。

洞山于公元 870 年圆寂，在此之前，德山禅师和临济禅师分别于 865、867 年圆寂，而赵州禅师因其 120 岁的高寿，直到 897 年才圆寂。下面我们再看看这三位大师的临行风采。

师（德山）因疾，僧问："还有不病也无？"师曰："有。"曰：

"如何是不病者？"师曰："阿耶！阿耶！"师复告众曰："扪空追响，劳汝心神；梦觉觉非，竟有何事。"言讫，安坐而化。

（《景德传灯录·卷十五》）

洞山是："老僧看他有分。""老僧看他，不见有病。"而德山的回答也怪，那个"不病者"就是病得大声呻吟，但恰与洞山那个"无寒暑"的"杀"如出一辙。再看临济：

> 将示灭，说传法偈曰："沿流不止问如何，真照无边说似他。离名离相人不禀，吹毛用了急须磨。"复谓众曰："吾灭后，不得灭却吾正法眼藏。"三圣出曰："争敢灭却和尚正法眼藏？"师曰："已后有人问，你向他道甚么？"圣便喝。师曰："谁知吾正法眼藏，向这瞎驴边灭却。"言讫，端坐而逝。

（《五灯会元·卷十一》）

洞山圆寂时要其弟子除其"闲名"，德山圆寂时要其弟子"梦觉觉非"，而临济则是要其弟子灭却其"正法眼藏"。禅师们惯于正话反说，反话正说，有意叫人摸不着头脑，并体会到这个捉摸不着的"东西"，万万不可执著于某事某理。临济的"传法偈"极其著名，禅宗内的许多功用都在其中。"吹毛用了急须磨"，《水浒》杨志卖刀的故事谁都知道，禅宗要人悟、要人得的就是那个被称为活般若的"吹毛剑"啊！自己的那个"离名离相"的"吹毛剑"是什么呢？再看赵州禅师：

> 师因赵王问："师尊年有几个齿在？"师曰："只有一个。"王曰："争吃得物？"师曰："虽然一个，下下咬著。"将谢世时，谓弟子曰："吾去世后，焚烧了不用净淘舍利。宗师弟子不同浮俗，且身是幻，舍利何生？斯不可也。"令小师送拂子一枝与赵王，传语云："此是老僧一生用不尽的。"师于戊子岁十一月十日端坐而终。

（《古尊宿语录·卷十三》）

　　赵州禅师风趣一生，临归西时反平实无奇，不过"下下咬著"，"一生用不尽的"也只有赵州禅师才道得出来。这与临济禅师"传法偈"中既"离名离相"，又"真照无边"的"吹毛剑"，和洞山禅师"辞世偈"中的"忘形泯踪"的"空里步"（武侠小说家又可以把这个"空里步"和"吹毛剑"演绎为绝世武功和利器了）是一是二是三呢？辞世和在世，修行的因果关系又何在呢？

四、自家宝藏
——顿悟成佛的依据

禅宗讲"不立文字，教外别传"，也就是不依经教，那么又应该依据什么呢？而"直指人心，见性成佛"其中又有什么依据呢？机锋、棒喝、转语等飞来舞去，真的就可靠吗？离开了佛的经教，那个"向上一路"会把人引向什么地方呢？……总之，疑问是很多的，古代有，现代也有。

禅宗既无理路可通，亦无道理可讲，那么又怎能使人信奉呢？当然，禅宗既是佛教内的一大宗派，其根基绝对是离不开佛教经论的，"呵佛骂祖"、"贬经斥教"一类的话实际上是针对教条主义和书呆子的，真正的禅师，无不在佛教的经论中浸润过来，并有所发明。禅师们怪异的作为，恰好是他们真正洞悉了佛法的底蕴，并从中得到了自在，才敢有如此的无忌，如丹霞烧木佛、德山呵佛骂祖等，也才有德山棒、临济喝等。

禅师们的种种作为，是因为其有牢固的自信心——我就是佛，佛与众生本无差别。既然烦恼即菩提，生死即涅槃，那何须多说，当下便是，提起便行，所以义无反顾，不修不证，直来直去，痛快淋漓。没有这股无私无畏的自信，没有透彻清明的智慧，没有那雄视千古的气魄，也就没有唐五代时期群星灿烂、狮吼鹤鸣的禅宗了。佛教的三藏十二部，无非是自家屋中的家什，既然如此，就主奴分明，我行我素了。

（一）正法眼藏和自性菩提

《五灯会元》不知从何处找来的一则资料，说：

> 世尊在灵山会上，拈花示众。是时众皆默然，唯迦叶尊者破颜微笑。世尊曰："吾有正法眼藏，涅槃妙心，实相无相，微妙法门，不立文字，教外别传，付嘱摩诃迦叶。"世尊至多子塔前，命摩诃迦叶分座令坐，以僧伽梨围之，遂告曰："吾以正法眼藏密付于汝，汝当护持，传付将来。"世尊临入涅槃，文殊大士请佛再转法轮。世尊咄曰："文殊，吾四十九年住世，未曾说一字，汝请吾再转法轮，是吾曾转法轮邪？"世尊于涅槃会上，以手摩胸，告众曰："汝等善观吾紫磨金色之身，瞻仰取足，勿令后悔。若谓吾灭度，非吾弟子；若谓吾不灭度，亦非吾弟子。"时百万亿众，悉皆契悟。

（《五灯会元·卷一》）

在这里，佛祖释迦牟尼是以超级禅师面目亮相的，其语言风格和方法，也如中国的禅师。当然是以佛的气派演示的，力量也大得多，不然怎么会有"百万亿众，悉皆契悟"这样伟大的效果呢？

对于这个故事，无须论其虚实。总之中国禅宗、中国禅师是认定了这条路的。问题的关键是佛的这个"正法眼藏"、"涅槃妙心"到底是什么？世尊拈花，迦叶微笑，这么一种简单的心灵传感形式就包容了无穷尽的佛法吗？就可以把佛"四十九年"辛辛苦苦建立的一整套"教、理、行、果"置之不顾，而别立什么"不立文字，教外别传"不知所云的东西吗？

佛教内的其他宗派，几乎全都不以为然，认为这是禅宗胡捏乱造出来的，所以不予承认；但佛教内的其他宗派，至少是中国佛教内的许多宗派，却不自觉地受到了禅宗的吸引和感染，其中许多僧人也投身到这一"禅化"的潮流中来，使自己也成为了"禅师"。这是事实。在这些事实中，禅宗的确有其自己的依据，这些依据一摆出来，往往使人哑口无言，也往往使人哑然失笑。

《六祖坛经》是禅宗的镇山之宝，六祖慧能作为禅宗真正意义上的祖师，《坛经》无疑在禅宗内具有无上的权威性，中国佛教内的许多宗派，后来也不得不承认其权威性。在《坛经》中，六祖说：

> ……菩提般若之智，世人本自有之，只缘心迷，不能自悟，须假大善知识，示导见性。当知愚人智人，佛性本无差别，只缘迷悟不同，所以有愚有智。

> ……一切修多罗（佛经）及诸文字，大小二乘，十二部经，皆因人置，因智慧性，方能建立。若无世人，一切万法，本自不有，故知万法本自人兴……不悟即佛是众生，一念悟时，众生是佛。故知万法尽在自心，何不从自心中顿见真如本性？《菩萨戒经》云：我本元自性清净，若识自心见性，皆成佛道……

无须多举，六祖在这里把一切都说透了。既然佛的一切法都因人而建立，既然佛的真如本性就是每一个人的自心，那么何须外求。用孟夫子的话说，"反身而诚"就行了，用《维摩经》的话说："即时豁然，还得本心。"这么现成，无怪法眼文益大师在罗汉桂琛禅师那里多番参究不成时，罗汉桂琛不耐烦地说："明白跟你说，若论佛法，一切现成。"就这一句话，使法眼大师大悟，并成了一代祖师。

其实，在大乘佛教的许多经典里，一切众生皆有佛性、皆可成佛的道理是说透了的，在这里也无须引用，这里主要是看禅宗在其中说了些什么。马祖的弟子大珠慧海禅师就是其中的受益者，以后又成了积极的宣传者。

> 师（慧海）初至江西，参马祖，祖问："从何处来？"曰："越州大云寺来。"祖曰："来此拟须何事？"曰："来求佛法。"祖曰："自家宝藏不顾，抛家散走作甚？我这里一物也无，求甚么佛法？"师遂礼拜，问曰："阿那个是慧海自家宝藏？"祖曰："即今问我者，是汝宝藏，一切具足，更无欠少，使用自在，何假向外

觅?"师于言下大悟,识自本心,不由知觉,踊跃礼谢。

(《大珠禅师语录》)

马祖的意思是明白无疑的,佛法、佛性、一切一切,全都是"自家宝藏",并且"一切具足,更无欠少",而且可以"使用自在",所以无须在外面去"求觅"。所以慧海在得法开悟后写了《顿悟入道要门论》两卷,发挥了禅宗顿悟的思想,并深得马祖的赞赏。在这篇文章中,有如下的介绍:

> 问:"欲修何法,即得解脱?"答:"唯有顿悟一门,即得解脱。"问:"云何为顿悟?"答:"顿者,顿除妄念;悟者,悟无所得。"问:"从何而修?"答:"从根本修。"问:"云何从根本修?"答:"心为根本。"问:"云何知心为根本?"答:"《楞伽经》云:心生即种种法生,心灭即种种法灭。《维摩经》云:欲得净土,当净其心,随其心净,即佛土净。《遗教经》云:但制心一处,无事不办。经云:圣人求心不求佛,愚人求佛不求心。"

(《顿悟入道要门论·卷上》)

在慧海这里,心是万法之源,只要悟得了这个"无所得"的心,就大事了毕,所以"求心不求佛",只有愚人才是"求佛不求心"。这个心是"自家宝藏",并且"一切具足"。所以"求心"也只是手段,最后顿悟的结果只是一个"无所得",所以禅宗后来认为顿悟都是多余的事了。这个问题,禅宗是一脉相承的,马祖的法孙、百丈的弟子黄檗禅师在其《传心法要》中,说得更为直截明白:

> 诸佛与一切众生,唯是一心,更无别法。此心无始以来,不曾生不曾灭,不青不黄,无形无相……超过一切限量,名言踪迹对待,当体便是,动念即乖。犹如虚空,无有边际,不可测度。唯此一心即是佛,佛与众生更无别异。但是众生著相外求,求之转失。使佛觅佛,将心捉心,穷劫尽形终不能得。不知息念忘虑,佛自现前。此心即佛,佛即众生。为众生时此心不减,为诸佛时此心不

添……而欲著相修行以求功用，皆是妄想，与道相乖。

黄檗禅师在这里，已把一切全都说透了。第一，佛与众生平等于一心，毫无差别；第二，众生著相外求，反而是南辕北辙，求而反失；第三，使佛觅佛，将心捉心，犹如骑驴觅驴一样愚蠢可笑；所以第四应该当体即是，动念即乖。在自己的心中，佛的那个正法眼藏就是自己的自性，这个自性就是菩提，原本都是一码子事，明白这点，心念一转之时就是顿悟。所以黄檗禅师在这个《传心法要》中一再说："如今学道人，不悟此心体，便于心上生心，向外求佛，著相修行，皆是恶法，非菩提道。"为什么呢？那些学道人感觉到的是自己的烦恼心、生灭心，认为在这个烦恼心、生灭心之外有个可以求、可以修的清净心、真如心。所以黄檗禅师又反复解说："是法平等，无有高下，是名菩提。"烦恼与菩提平等不二，生灭与真如平等不二，"此法即心，心外无法；此心即法，法外无心"。在方法上，黄檗禅师认为方法必须与本体相一致、相统一："唯直下顿了自心本来是佛，无一法可得，无一行可修……念念无相，念念无为，即是佛。学道人若欲得成佛，一切佛法总不用学，唯学无求无著。"在黄檗禅师的这一系列论说中，禅宗的那种种作为，还有什么不可以"理直气壮"的呢？道理无须再继续说了，再说就是"理障"、"见浊"，反而是求解脱反成束缚。若能如马祖所说"著衣吃饭，长养圣胎。任运过时，更有何事"，这样不修而修地过日子，就会领略到其中的风光。但是，对一般的人来讲，对一般求佛、求法、求道的人来讲，这一切要深信不疑，并当下付诸生活和实践之中，真是太艰难了。所以"明心见性，顿悟成佛"之过程虽说是多余的，却又是万万不可少的。

（二）"我无一切心，何用一切法"

佛教的法，不论中观唯识，大多说理严密细致，只要不带世俗偏见，都是有路径可以通达的。禅宗以无法为法，但禅师们有上堂的开示、小参、晚参、机锋、棒喝、转语、公案、参话头等种种作略。其中许多仍然是有理路可寻，可以使人理解的，如六祖的《坛经》、黄檗的

《传心法要》及许多禅师的"语录"等；难解或不可理解的大多为棒喝、机锋和转语，但若经说破，也不是不可理解。问题难就难在这里，禅宗的法，一旦成了可以理解的，便立即成了"著相"，成了"知解宗徒"，而非"本分道人"，要在自己"本分"上"顿悟"就极为艰难，甚至不可能了。

人们的这个心真是说不清楚，对常人而言是烦恼生灭心，对佛菩萨而言是菩提真如心，差别那么大，怎么会是"无差别"的呢？怎么会是"一"呢？禅宗三祖僧璨大师在点化牛头法融禅师时说："境缘无好丑，好丑起于心。心若不强名，妄情何处起？妄情既不起，真心任遍知。汝但随心自在，无复对治，即名常住法身，无有变异。"法融受到三祖的点化，成了初唐禅宗的一代大师，以后的"法语"也极其精彩特别，对后来的禅宗，特别是石头——曹洞一系影响很大。如"恰恰用心时，恰恰无心用。曲谈名相劳，直说无繁重。无心恰恰用，用心恰恰无。今说无心处，不与有心殊"。这里真是与人们的常识开了一个极大的玩笑，若用心的时候，恰恰失去了心的功用；不去用心的时候，心的那个功用反而发挥得恰到好处，但是用心和不用心两者又是毫无差别的。而就是这些，正是禅宗大机大用、大开大合、大杀大夺的基点，不明白其中的"机枢"，不明白"万花筒"结构的奥秘，面对禅宗的机锋棒喝，自然就会不知所措了。还有，许多禅师自豪地、真切地感受到："佛说一切法，为除一切心。我无一切心，何用一切法。"站在这个"妙高峰"上，还有什么"浮云"能够遮蔽其望眼吗？所以才能够"随缘任性，触处皆真"。正因其"不拘一法"，才可演出机锋棒喝等幕幕喜剧和哑剧，为中华民族思想文化注入了难以限量的活力。

自己就是一切，就是成佛的依据，这个力量是如此之大，对被局限在狭小天地中的那个"小我"而言，一旦从中透出，其功用就不可同日而语了。四祖道信大师在14岁那年参礼三祖僧璨大师时说："愿和尚慈悲，乞与解脱法门。"三祖说："谁缚汝？"四祖说："没有人缚我啊！"三祖说："既然没有人束缚你，又何必去求解脱呢？"就这么简单，四祖就言下悟了。

再如石头希迁禅师时，有个叫尸利的学生问他："怎样才是与他人不相干，完全绝对地属于自己的'本分事'呢？"石头禅师说："你要问的是你的那个'本分事'，这可与我无关，问到我这儿来就不是你的那个绝对的'本分事'了。"尸利又问："如果不经老师的点明，我又怎么能够知道自己的那个'本分事'呢？"石头禅师说："好，我问你，既是绝对属于你的那个'本分'，它能丢失得了吗？"尸利于是有所悟入。

再如有个和尚问药山禅师："怎样才能不被各种外界环境所迷惑呢？"药山禅师说："外部环境是外部环境，它哪里妨碍得了你呢？"这和尚说："我就是弄不清楚这点。"药山禅师说："是你自己有所迷惑，怎么能责怪外部环境呢？"这就是迷悟由心不由境的道理，人们若能冲破这道关口，天下没有不明白的道理。

心与境的关系究竟如何呢？上面这则公案从一个角度说，下面这则公案又从另一个角度来说，结合对照，或能有所启发。

有个和尚问怀让禅师："如果把铜镜铸成一尊佛像，镜子原有的功用又到什么地方去了呢？"怀让禅师反问他说："那你小时候的相貌，今天又到什么地方去了呢？"那个和尚又追问："为什么铜镜铸成佛像后就不能做镜子使用了呢？"怀让禅师的回答极其透彻明了，妙不可言："虽然不能再做镜子使用了，但万物本来是什么样的，对铜镜或铜佛像而言，还是什么样的，既用不着去改造，也不会受到欺瞒。"所以，能还万物本原的人，才能还自己的本原。当精神被精神的内容所困扰时，又怎能发挥它的最佳功能呢？同样的道理，人类只有放弃对大自然的粗暴干预，大自然才能恢复它的"本来面目"，同时人类也才能恢复自己的"本来面目"。认识，有时的确显得是多余的。

（三）骑牛觅牛和海里挖渠

禅宗的法，包括"明心见性，顿悟成佛"，都是自然现成的，无须人们费心劳力去追寻，这个道理对明眼人来讲，对那些超级禅师来讲是不言而喻的，但一般的人哪里可能就这么了然地"心领神会"呢？这是对祖师而言的，我们凡夫俗子，不修不炼，万万不敢有此妄想。这就是凡夫俗子的可悲之处，自己不相信自己，不敢当下承当。另外，对"饥来吃饭困来眠"的禅风看不起，因为他们认为，一经见道，就应有三明六通，就应有种种神异，禅师们"口中说空，行在有中"，平凡无奇，哪里像得道的人！对此，仰山禅师有一席话很有意思，他说：

> "我今分明向汝说圣边事，且莫将心凑泊。但向自己性海，如实而修，不要三明六通。何以故？此是圣末边事，如今且要识心达本，但得其本，不愁其末。他时后日，自具去在。若未得本，纵饶将情学他亦不得。汝岂不见沩山和尚云：'凡圣情尽，体露真常，事理不二，即如如佛。'"
>
> （《五灯会元·卷九》）

"但得其本，不愁其末"，禅宗认为人们的那个"平常心"就是本，而三明六通、种种神异都是末，这原无可非议。可一般人就是把眼睛望着三明六通，向往着种种神异并磕头礼拜。真正的佛法，是把佛法智慧传给众生——让众生明见自身本具的菩提自性。而不是装神弄鬼，炫耀神通以"包装"自己、神化自己，使众生迷信并磕头礼拜。所以烧香磕头、许愿还愿之类恰恰是误了众生，使佛菩萨和众生之间形成了一道不可逾越的壁障和鸿沟。从这层意义上来讲，禅宗的法是极其崇高的，因为禅宗是不遗余力地去填平这道鸿沟，是不遗余力地推翻这道壁障。所以神通小道历来为智者所不取，禅宗为人们所尊崇也在情理之中了。

麻谷宝彻禅师是马祖的弟子，有次他与南泉等三师兄一起去参谒著名的径山道钦禅师。他们在一条路上遇见一位老太婆（也是禅林高手），于是问："径山路往哪儿走？"婆子说："蓦直走。"麻谷问："前头水深过得去吗？"婆子说："不湿脚。"麻谷又问："为什么岸边的稻子长得那么好，而岸下的却长得差呢？"婆子说："大概岸下的被螃蟹吃了吧。"麻谷说："不错，这儿稻花真香。"婆子说："我怎么闻不到呢？"麻谷又问："老太太家住何处？"婆子说："就住在这里。"师兄弟们随婆子到她的客店，婆子提了一壶茶和三个杯子来，说："你们三位师父能表演一下神通，就请喝茶。"他们三位正面面相觑时，婆子说："你们没有神通，太差劲了，看我表演点神通让你们开开眼。"说着，把茶水一倾，茶杯一收就进去了。

这则公案很风趣，但其中的机锋很紧，又表演了一下"神通"，庞居士说："神通及妙用，运水与搬柴。"在禅师们眼里，"神通"与"运水搬柴"是没有两样的。

破除了对神通神异的迷惑，文字理论上的执著就相对容易放得下，也才能够横下一条心，在"平常心"上磨炼，也才能以认真的态度来对待这个"平常心"了。

长庆大安禅师是百丈禅师的主要弟子之一，他最初见百丈时问："学人欲求识佛，何者即是？"百丈说："你这样大似骑牛觅牛。"大安说："识得后又如何呢？"百丈说："识得之后，如骑牛归家。"大安又问："不知道以后应怎样保任涵养呢？"百丈说："如同放牛儿一样，拿着鞭子，不准它去犯人庄稼。"大安这时心领神会。这是百丈点拨大安的，想必受到了他同门师兄弟石巩禅师的启发。石巩一次在厨房劳动，马祖问他："你在干什么呢？"石巩说："我在牧牛。"马祖感到稀奇，问他："你是怎样牧牛呢？"石巩说："只要嘴伸向草边，立即就把鼻子拉回来。"马祖赞赏说："你真是得到牧牛的真诀了。"在这里，对道的追求因为是"骑牛觅牛"，所以不取；但对自己这个"平常心"也不可放任不管，要保持住它平和雍容、不贪不著的境界而使之得到涵养，就必须"牧牛"。

《华严经》中描述说：释迦牟尼佛的法身等同三千大千世界，忽有一位菩萨站出来，一跨就跨过了这三千大千世界，这么大的跨度，远比孙悟空的筋斗厉害多了，但却没有跨出释迦牟尼的汗毛孔。这本是佛教的时空相对论，也是对人们"自性"的描绘，有的人百思不得其解。如有人问长沙景岑禅师（南泉弟子、赵州同学）："《华严经》中善财童子五十三参，用了无量劫的时间，为什却游不遍普贤菩萨身中的世界？"景岑禅师反问他："你也是从无量劫前来的，是否游遍了呢？"那人说："什么是普贤身我还不知道，哪里谈得上去游。"景岑禅师叹息说："你啊真是，自己坐在含元殿里，却在八方打听长安城在哪里！"长安是唐帝国的京城，含元殿是皇上办公之处。坐在含元殿里找长安，不是令人笑掉牙么。今天如果有人坐在钓鱼台，却去寻找北京城，肯定会被人看成神经病。对于佛法，对于禅道，人们往往是这样地犯神经病。

自己就是一切，所以言修言证都是多余的，但又不能不修。有人问马祖："如何是修道？"马祖回答说：

> "道不属修。若言修得，修成还坏，即同声闻；若言不修，即同凡夫。"云："作何见解即得达道？"云："自性本来具足，但于善恶事上不滞，唤作修道人。取善舍恶，观空入定，即属造作。更若向外驰求，转疏转远。但尽三界心量，一念妄想，即是三界生死根本。但无一念，即除生死根本。"
>
> 　　　　　　　　　　　　　　　　　　　　　（《古尊宿语录·卷一》）

"取善舍恶，观空入定，即属造作。若更向外驰求，转疏转远。"对禅宗而言，这个问题很严重，以造作心、驰求心来学禅，只会"转疏转远"。《庄子》中曾讲过一个故事，黄帝游昆仑时丢失了一颗明珠，派"智慧"先生去找，找不着；派"感觉"先生去找，也找不着；再派"意志"先生去找，还是找不着；最后派"无心"先生——既瞎又聋还愚且残的那位去找，却不费吹灰之力，顺手就找回来了。庄子的精神与禅宗是相通的。在《逍遥游》中，庄子借"尧让天下于许由"说："太阳月亮高高地挂在天上，却要去点蜡烛，岂不是多事吗？老天已连降了几场大雨，还在田里灌溉，岂不是多事吗？"禅宗由此所引申的"公案"不少，如"骑牛觅牛"、"头上安头"、"海里挖渠"和上面那个"含元殿里觅长安"，这些看来是笑话，寓言式的笑话，但却充分表达了禅宗的精神实质和修为方法。是的，在万法具足、与佛平等的这个"自性"上还去盲目修炼，不等于在大海中去设计挖掘一条运河那样显得幼稚、可笑吗！

（四）顿悟也是多余的吗？

圆满的佛性对于每一个人既然是"一切具足"的，而且是"一切现成"的，所以不少禅师认为顿悟也是多余的，因为刻意去求顿悟，本身就是"驰求心"，也会使人"转疏转远"。用仰山的话来说："悟则不无，怎奈落在第二头。"用雪峰禅师的话说，就是"饭箩边坐饿死人，临河边行渴死汉"，这真是笑话中的笑话了。这类公案的意味是深长的，如：

> 僧问："如何是佛？"师（百丈）曰："汝是阿谁？"曰："某甲。"师曰："汝还识某甲否？"曰："分明个。"师乃举起拂子曰："汝还见么？"曰："见。"师乃无语。

（《五灯会元·卷三》）

这位僧人是明眼人，明明白白地来，明明白白地去，说他有悟不是，说他无悟也不是，弄得百丈禅师这样的老资格也无法开口，到这步田地，还有什么可以说、值得说的呢？

再如著名的"胡闹派"禅师，敢于把佛像取来烤火的那位丹霞天然禅师。他本来是个儒生，那年到长安去应考，在路上遇见一个禅客对他说："现在的时局，当官不如做佛。"丹霞问："要做佛应该到哪里去做呢？""现在江西马祖大师那里，是专门成就佛菩萨的场所。"于是丹霞就直奔江西。一见马祖，丹霞就把头上的儒生巾摘了下来，马祖仔细地看了看，说："我不是你的老师，南岳石头才是你的老师。"马祖一看就知道这个人麻烦。于是他就到石头禅师那里去，仍然如此地表演一番，石头禅师没有把他往别处推，让他到庙里的酱坊打小工。过了三年，大约清明前后，石头禅师把僧众聚集起来布置劳动，要大家把佛殿周围的杂草除掉。这时丹霞却端来一盆水，跪在石头禅师面前把头伸进盆里，石头禅师笑了笑，顺便就给他剃了发——这时才算出家，有了沙弥资格。剃完了头，石头禅师正准备给他说戒律，他却掩着耳朵跑了。这一跑，又跑回了马祖那里，进了僧堂就骑在罗汉塑像头上，引起了僧众们的骚乱，大家急忙报告马祖。马祖出来一看，认得这个冤家，又观看了一会儿，冲口说出"我子天然"这么一句话，丹霞这才跳下来礼拜，说："谢师赐与法号。"马祖问他："你这次从哪儿来？"他说："从石头来。"马祖说:"石头路滑,你跌倒没有?"他说:"若是跌倒了,还会到这儿来吗?"丹霞天然在马祖、石头这两位禅林泰斗那里若入无人之境,说他开悟是多余的,说他不存在开悟的过程也说不通——所以马祖叫他"天然"。

公案的意味是无尽的,如下面这则"丙丁童子来求火"公案:

> 一日师(法眼文益)问云:"则监院何不来入室(参问)?"则云:"和尚岂不知,某甲于青林(禅师)处有个入头。"师云:"汝试为我举看。"则云:"某甲问如何是佛?林云:'丙丁童子来求火。'"师云:"好语,恐尔错会,可更说看。"则云:"丙丁属火,以火求火;如某甲是佛,更去觅佛。"师云:"监院果错会了也!"则愤而渡江。师云:"此人若回可救,若不回,救不得也。"则到中路自思忖,云:"他是五百人善知识,岂可赚我耶?"遂回再参。师云:"汝但问我,我为尔答。"如则申前问,师云:"丙丁童子来求火。"则于言下大悟。

> (《文益禅师语录》)

"丙丁童子来求火"——又是一则"骑牛觅牛"的故事。那位如则监院对此的理解是无误的,但理解并不等于开悟,骑牛觅牛对于参禅的人来说谁不知晓,但有几位敢说自己就是开悟的呢?黑格尔说过,熟知不等于真知。悟都是多余的,这话的确不错,但必须出自悟后人之口,才是真实的;未悟的人,懂得这个道理仍然是未悟,如这位监院一样。所以开悟作为一个过程必不可少,如同化学中的某些催化剂一样,虽不参与这种化学过程,但这种化学过程,没有催化剂则不能发生。

对这个问题,不同的禅师有不同的作略,如同治病一样。病情不同,所下的药也不同。百丈、沩山、赵州、洞山、临济、德山这些大师们,各有各的方法。就这个问题,曹洞宗的另一位祖师曹山本寂禅师,也有其独到之处。

有人问曹山:"即心即佛即不问,如何是非心非佛?"曹山的回答很妙:"兔角不用有,牛角不用无。"对于兔角,的确无需去证明它没有,它本来就没有；对于牛角，同样无需去证明它有，它本来就有。又有人问："抱璞投师，请师雕琢。"曹山说："不雕琢。"那人问："为什么不雕琢？"曹山说："须知曹山好手！"明心见性、顿悟成佛这一过程，在这里到底是必要的还是多余的呢？另有一则公案，是这个问题的最好注脚。

宋代襄阳广德寺的义禅师，是在老一代广德禅师那里得的法。他当初去参学时，问："如何是和尚密密处？"请把您老的那个佛性——"密密处"传给我吧！老广德禅师说："什么密密处？要隐身也用不着到深山老林，即使在闹市之中，也是少有人知晓的啊。"义禅师说："如果是这样的话，我就去为您老取些净水，再献上鲜花来作为供养吧。"老广德禅师说："不要忙，我且问你，忽然烟云密布——杂念妄想出来的时候，你怎么办呢？"义禅师说："这也无妨，这正是采集和吸取智慧的时机，我不会放过的。"老广德禅师高兴地对寺内的僧众说："大家看清楚，这位就是我的继承人——广德寺的第二代方丈大和尚。"

"密密处"是佛性，每一个人的"佛性"又是自己的"密密处"。自己的隐私是对他人而言的，对自己而言当然不存在什么隐私。宋代圆悟克勤禅师开悟时说"少年一段风流事，只许佳人独自知"，就是这个"密密处"的最好注脚。每一个人都有其在暗中支配思想、行为的"密密处"——佛性，但自己明白吗？"自家宝藏"，这可是众生成佛的依据，万万不可错过或误会了。

五、曲折多方（上）
——五宗七家的武器库

一说起武器，爱好和平的人们都会不以为然。但佛教内却常以武器作为比喻，如智慧之剑、金刚王宝剑、降魔杵、伏魔叉等。禅宗内也爱以武器炫耀自己，如杀人刀、活人剑、德山棒、临济喝——金刚王宝剑就是临济喝中的一例。

南宋禅宗泰斗大慧宗杲禅师，写了不少书，其中一部，公然命名为"宗门武库"。大概少林武术名扬天下，少林寺是禅宗的祖庭，禅师好武，盖有其源由矣。这里只是说笑而已。禅宗谈武，目的是用一种强力来对付心魔——烦恼，以文弱的方式大概效果不佳吧。大慧宗杲禅师的《宗门武库》，其实就是对宋代一些禅师言教、风格和方法的介绍，是一部禅宗小故事的汇编而已。

禅宗的实际创始人是六祖慧能大师，六祖之后有南岳怀让和青原行思两大门派，六祖大师的另一重要传人——菏泽神会一系，中唐之后便湮没无闻了。南岳怀让禅师以下，经马祖道一、百丈怀海禅师，再经沩山灵祐和仰山慧寂，创立了沩仰宗。经黄檗希运再经临济义玄创建了临济宗。青原行思禅师以下，经石头希迁、药山惟俨、云岩昙晟，再传到洞山良价、曹山本寂两代，创立了曹洞宗。石头希迁禅师以下，经天皇道悟、龙潭崇信、德山宣鉴、雪峰义存，再传到云门文偃，创立了云门宗。雪峰义存以下，经玄沙师备、罗汉桂琛，再传到法眼文益，创立了法眼宗。这就是禅宗内著名的五大家。临济宗下传六代，在北宋中期石霜楚圆禅师后又分为两家，一是杨岐方会，一是黄龙慧南。禅宗史由此合称为五宗七家。

这五宗七家，各有其相应的特色、接人方法和手段，这就是所谓宗风或纲宗。在禅宗的"传灯录"中，常常可以看到"师唱谁家曲，宗风嗣阿谁"的问话，指的就是这一层意思。当然在五宗七家同时或稍前，还有一些著名禅师不在这五宗七家之内，有的本来就是某些宗派的师辈，如马祖、百丈、南泉、归宗、药山、德山、雪峰等；有的则是这些宗派的师叔伯辈，如南泉普愿、赵州从谂、长沙景岑、睦州陈尊宿、丹霞天然、道悟宗智、石霜庆诸、夹山善会、岩头全豁等，他们的功力，并不比五宗七家创始人差，有的甚至禅风更锐，如南泉、赵州、岩头等，但因数代后"家道中落"，后继无人，不然，中国禅宗的宗派就远不止五宗七家了。

（一）父唱子和、如切如磋的沩仰禅风

沩仰宗是禅宗内建立最早的一支宗派，以沩山灵祐禅师及其弟子仰山慧寂禅师为开宗祖。沩山在今天湖南宁乡，全名叫大沩山；仰山在今天江西宜春。沩仰合称，当然是他们师徒并秀，敲唱如一了。

沩山灵祐禅师（771—853 年）十五岁出家，十八岁受戒，二十岁时参礼百丈禅师，被许入室，居参学之首。沩山"悟道因缘"很重要，对后代学禅者很有启示：

> 侍立次，丈问："谁？"师曰："某甲。"丈曰："汝拨炉中有火否？"师拨之，曰："无火。"丈躬起深拨，得少火，举以示之曰："汝道，无这个哩！"师由是发悟，礼谢陈其所解。丈曰："此乃暂时歧路耳。经云：欲识佛性义，当观时节因缘。时节既至，如迷忽悟，如忘忽忆，方省己物不从他得。故祖师云：悟了同未悟，无心亦无法，只是无虚妄凡圣等心，本来心法元自备足。汝今既尔，善自护持。"

> （《五灯会元·卷九》）

禅宗得开悟，必得有老师印证方可，所谓"以心印心"指的就是这个，若无过来人印证，一是不知其已悟，二是不知其所悟的正谬。所以自己的开悟固然重要，而老师的印证也必不可少。在这里，百丈所说有两层意义，一是："欲识佛性义，当观时节因缘，时节既至，如迷忽悟，如忘忽忆，方省己物不从他得。"开悟必待缘而起，如忘记的忽然忆起一样。这在生活中的例子很多，但生活中所忆及的只是那些具体的事物，而禅宗的悟是指所追求的"佛性"，这个"佛性"是"己物"，是"不从他得"的。二是："悟了同未悟，无心亦无法。"不要以为悟了就会有什么与众不同之处，不要以为就有"三明六通"了。悟，只是悟自己的那个"平常心"。沩山开悟后，紧接着第二天就有一场好戏：

> 次日，同百丈入山作务。丈曰："将得火来么？"师曰："将得来。"丈曰："在甚么处？"师乃拈一枝柴，吹两吹，度与百丈。丈曰："如虫御木。"

> （《五灯会元·卷九》）

这个"火"——佛性在什么地方呢？在炉灰里？在柴枝上？在沩山的那个"吹"中？既是"元自备足"，当然就"无处不在"了，所以百丈赞叹说："你简直如同木头里的虫，钻进心了。"

仰山慧寂禅师（807—883 年）是广东韶州人，十四岁出家，初参耽源禅师"已悟玄旨"，后参沩山，"遂入堂奥"。仰山"悟道因缘"如下：

> 后参沩山，沩曰："汝是有主沙弥，无主沙弥？"师曰："有主。"曰："主在甚么处？"师从西过东立，沩异之。师问："如何是真佛住处？"沩曰："以思无思之妙，返思灵焰之无穷，思尽还源，性相常住，事理不二，真佛如如。"师于言下顿悟。自此执侍前后，盘桓十五载。

> （《五灯会元·卷九》）

使思维走入思维之外的玄妙境界，反过来又使精神的力量无穷无尽；在这个精神的无穷大和无限小之间，使精神的体用相和谐稳定，于事于理都显示出"不二"的效应，这就是佛了。沩山这里把禅宗的见地和盘托出，使仰山立即开窍。他们师徒二人，加上香岩智闲禅师，在以后的禅修禅行中，互唱互和，如切如磋，把当时的禅风，推上了一个清幽华雅的境界。

沩仰宗父子唱和，如深山鸟语，如高山流水，如寒潭古月，格调极高，为当时禅林所推重，所唱所和，对参禅极有启发，下面举数则公案欣赏：

> 师（沩山）摘茶次，谓仰山曰："终日摘茶，只闻子声，不见子形。"仰撼茶树。师曰："子只得其用，不得其体。"仰曰："未审和尚如何？"师良久。仰曰："和尚只得其体，不得其用。"师曰："放子三十棒。"仰曰："和尚棒某甲吃，某甲棒教谁吃？"师曰："放子三十棒。"
>
> （《五灯会元·卷九》）

在《维摩经》中，文殊菩萨问维摩居士如何是不二法门，维摩默然，于是文殊赞叹维摩是"真入不二法门"。在禅宗内，"良久"即是默然，是一种对悟境的"体"的表示。仅得体不得用就是死而不活，所以禅宗强调"活体"，"活体"就必须在机用上有所显示。仰山撼树，沩山放棒，都是"用"的表示。再如：

> 师（沩山）曰："寂子速道，莫入阴界。"仰曰："慧寂信亦不立。"师曰："子信了不立，不信不立？"仰曰："只是慧寂，更信阿谁？"师曰："若恁么即是定性声闻。"仰曰："慧寂佛亦不立。"师问仰山："《涅槃经》四十卷，多少是佛说，多少是魔说？"仰曰："总是魔说。"师曰："已后无人奈子何！"仰曰："慧寂即一期之事，行履在甚么处？"师曰："只贵子眼正，不说子行履。"
>
> （《五灯会元·卷九》）

这一段对话，对一般佛教徒而言，真是骇人之语。"佛亦不立"，

"总是魔说"，显示了仰山见地的牢固。"只是慧寂，更信阿谁？"这是
"不动地"的境界，禅宗内能达到这样境界的禅师并不多，所以沩山说
他："已后无人奈子何！""只贵子眼正，不说子行履。"再看：

> 沩（山）一日指田问师（仰山）："这丘田那头高，这头低。"
> 师曰："却是这头高，那头低。"沩曰："你若不信，向中间立，看
> 两头。"师曰："不必立中间，亦莫住两头。"沩曰："若如是，著水
> 看，水能平物。"师曰："水亦无定，但高处高平，低处低平。"沩
> 便休。
>
> （《五灯会元·卷九》）

"不必立中间，亦莫住两头"，"水亦无定，但高处高平，低处低
平"——在这里，精神是全方位、多层次的，禅，就要练到如此的境
地，才能有不受阻碍的智慧。体能生用，用不碍体，本末一如，才是大
家手段。在佛教内，百丈是提倡"农禅"之祖，沩山、仰山忠实于这
一生活规范，并使禅在全方位的生活中得到运用。在沩山和仰山的问答
中，有茶园、田地、庄稼、牧牛等劳动场面，也有吃饭、睡觉、寒暑等
生活场面，而且无不浸润着浓厚的禅的气息。如：

> 师（沩山）睡次，仰山问讯，师便回面向壁。仰曰："和尚何
> 得如此！"师起，曰："我适来得一梦，你试为我圆看。"仰取一盆
> 水，与师洗面。少顷，香严亦来问讯。师曰："我适来得一梦，寂
> 子为我圆了，汝更与我圆看。"严乃点一碗茶来。师曰："二子见
> 解，过于鹙子。"
>
> （《五灯会元·卷九》）

对禅师们来说，禅就是生活，生活就是禅，他们也劳动，也学习，
也如世间人一样起居住行。但老师从不放过生活中的细节来历练他们，
学生对老师也不掉以轻心。圆梦，是人们对生活的期慕和对灾祸的恐惧
而引发的一种预测手段。而在禅师们看来，则是一种不清醒的情态，仰
山以洗面的方式让人清醒，香严以吃茶的方式让人平静。这里也应该看

到，开悟的人，其对人对事时的境界是相互贯通的。

师徒间切磋唱和，是沩仰宗宗风的重要特色，在这些唱和中，还包括了对诸方丛林禅德们的评议。

如德山禅师初出世，参礼沩山时"示威"，沩山赞扬说："此子已后向孤峰顶上结草庵，呵佛骂祖去在。"后来又奖诱石霜庆诸禅师，指导洞山良价禅师，大有"慧眼识英雄"的气概，并与诸方达者如道吾、云岩等相互通气，豁达大度，使人仰慕。而沩山、仰山的评议更是禅门内开眼之作。如"百丈再参马祖因缘"，沩山问仰山："此二尊宿意旨如何？"仰曰："此是显大机大用。"沩山云："马祖出八十四位善知识，几人得大机，几人得大用？"仰山云："百丈得大机，黄檗得大用，余者皆是唱导之师。"沩山云："如是，如是。"在这里，仰山的赞颂没有沩山的份，而所贬薄的，却包括了沩山。沩山不以为忤，其心胸可谓大矣。再如评论"临济大悟因缘"，沩山问仰山："临济当时得大愚力，得黄檗力？"仰曰："非但骑虎头，亦解把虎尾。"再如"临济勘黄檗公案"，沩山问仰山："此二尊宿意作么生？"仰山云："和尚作么生？"沩山云："养子方知父慈。"仰山云："不然。"沩山云："子又作么生？"仰山云："大似勾贼破家。"他们师徒一唱一和，一扬一抑，是对黄檗——临济宗的点睛之评。

沩仰宗宗风，还有"圆相"之说。"圆相"即用指、臂的动作或纸笔所绘的〇，并有⊕、⊕、⊕、⊕、⊕、⊕、⊕等衍生图相，据说有九十六道之多。传为六祖弟子南阳慧忠国师所发明，慧忠传耽源，耽源传仰山。后来圆相滥用，窠臼雕作之意太重，为明眼禅师所不取。此外还有"女人拜"一类动作，以表示超越常流的一种作略，也很快因流于卑屑而断流。

《人天眼目》是综述禅宗五家宗旨的集子，出于南宋淳熙年间，其中的评论，多为历代禅师提倡。对于此书，历代禅德不乏微词，但其"门庭"、"要诀"仍不失为撮要之语，而且文笔清新可观，在这里分别录其"门庭"于诸宗之后。

　　沩仰宗者，父慈子孝，上令下从。尔欲捧饭，我便与羹；尔欲

渡江，我便撑船。隔山见烟，便知是火；隔墙见角，便知是牛。沩
山一日普请摘茶次，谓仰山曰："终日只闻子声，不见子形。"仰山
撼茶树。沩山云："子只得其用，不得其体。"仰曰："和尚如何？"
师良久。仰曰："和尚只得其体，不得其用。"沩山云："放子三十
棒。"乃至仰山过水，香严点茶，推木枕，展坐具，插锹立，举锹
行。大约沩仰宗风，举缘即用，忘机得体，不过此也。要见沩仰
么？月落潭无影，云生山有衣。

（《人天眼目·卷四》）

（二）彻骨彻髓、透顶透底的临济禅风

在今天河北省正定县，有一个临济禅院，一千一百多年前，这里出
了一位叫义玄的禅师，在佛教禅宗内既作雷霆震，又作狮子吼，这种震
天动地的吼声，在今天仍轰然可闻。禅宗在唐以后成了中国佛教的主
流，而临济宗又是禅宗内的主流。禅宗五宗，沩仰、法眼入宋不闻；云
门不及南宋；曹洞一脉孤传，仅东南一隅；只有临济宗遍布华夏。"临
天下，洞一隅"，今天也是如此。到国内各大丛林一游，问及那些禅院
的法脉，十有八九皆属临济宗，而属于曹洞宗的则寥落可数。

临济义玄禅师（？—867 年）的禅风刚烈迅猛，与"德山棒"并称
为"临济喝"。对于临济的那个"喝"，前面章节已有介绍，这里看看
在"喝"之内或"喝"之外的一些"武器"。

在禅宗各家的"宗门武库"中，临济宗的"装备"最为优良齐备，
如"三玄三要"、"四宾主"、"四照用"、"四料简"、"四喝"等，其后临
济宗内人才济济，各代祖师又有不少创造和发挥。这里作一些简要的
介绍。

师（临济）云："大凡演唱宗乘，一句中须具三玄门，一玄门
须具三要，有权有实，有照有用，汝等诸人怎么生会？"

（《五灯会元·卷十一》）

　　临济禅师这里的意思是，作为合格的宗师，在向学生们提唱宗风要义时要注意自己的语锋。禅宗的机锋是通过语言来表达的，这就与禅宗强调的"不立文字"（包括语言）相矛盾。但临济禅师的"三玄三要"，则把这两者巧妙地统一在其中了。一句中须具三玄门——三种原则，每一玄门——原则中还应具备三要——三个要点，而且其中还应该有权——灵活性，有实——具体性，有照——清晰性，有用——实践性。"有权有实，有照有用"是"三玄三要"落脚之处。下面来看临济禅师的"四照用"是怎么说的：

　　　　我有时先照后用，有时先用后照；有时照用同时，有时照用不同时。先照后用有人在，先用后照有法在。照用同时，驱耕夫之牛，夺饥人之食，敲骨取髓，痛下针锥。照用不同时，有问有答，立宾立主，合水合泥，应机接物。若是过量人，向未举已前，撩起便行，犹较些子。

　　　　　　　　　　　　　　　　　　　　　（《五灯会元·卷十一》）

　　"照用"之际，要分"先后"、"同时不同时"，还要分立"宾主"，临济禅师的那个"一句"之中，其"禅机"实在太玄了。其实在生活中，应该是感受得出其中的道理的。俗话说，"出门看天色，进门看脸色"，人们对事对物对人，都各自有其预先进行"观照"的本能和习惯。有时事前预知，有时事后方知；有时顺缘，有时逆缘。有时先知后行，有时先行后知；有时知行同时，有时知行不同时。这原本是人们生活的现实，只是没有达到如临济禅师所要求的高度罢了，也没有使之提高到"禅"这样的高度来。而"驱牛夺食"、"敲骨取髓"更是临济"逼拶"的独门戏。至于"立宾立主"、"应机接物"，我们再看下面的例子：

　　　　示众云：参学之人，大须仔细。如宾主相见，便有言论往来。或应物现形，或全体作用，或把机权喜怒，或现半身，或乘狮子，或乘象王。如有真正学人便喝，先拈出一个胶盆子，善知识不辨是境，便上他境上作模作样，便被学人又喝，前人不肯放下，此是膏肓之病，不堪医治，唤作宾看主。或是善知识不拈出物，只随学人问处即夺，学人被夺，抵死不肯放，此是主看宾。或有学人应一个清净境，出善知识前，知识辨得是境，把得抛向坑里。学人言："大好善知识。"知识即云："咄哉！不识好恶。"学人便礼拜，此唤作主看主。或有学人披枷带锁，出善知识前，知识更与安一重枷锁，学人欢喜，彼此不辨，唤作宾看宾。大德，山僧所举，皆是辨魔拣异，知其邪正。

（《古尊宿语录·卷五》）

对以上这一席话，万望读者反复仔细阅读。若能发出会心的一笑，就不费古往今来的纸笔了。说实话，临济禅师这个"四宾主"，真的教滑了不少人，若是好人学滑了还无大害，要是恶人学到了这样的本领，不知多少人要上当受骗。那些在政治上、商务上、黑道上老辣深沉的"大师"们，谁不会临济大师的这个"四宾主"呢？设陷阱，设埋伏，虚晃一枪，设计设境，察言观色，顺水推舟，以礼为貌等，都可以从这个"四宾主"中引申出来。当然，临济禅师在这里讲的是禅客们相互勘验，属"华山论剑"一类的招式。其关键在于"宾主"关系。在"明心见性"上过了关的叫"主"，稀里糊涂的是"宾"。"宾主"又可以互换位置，如老师与学生，老师是主，学生是宾。但面对着的"悟"字，才是真正的裁判，才是真正的"主"。在这个"四宾主"中，又引申出"夺"与"不夺"，下面就看有关的"四料简"。

示众云："有时夺人不夺境，有时夺境不夺人，有时人境两俱夺，有时人境俱不夺。"时有僧问："如何是夺人不夺境？"师云："煦日发生铺地锦，婴儿垂发白如丝。"僧云："如何是夺境不夺人？"师云："王令已行天下遍，将军塞外绝烟尘。"僧云："如何是人境两俱夺？"师云："并汾绝信，独处一方。"僧云："如何是人境俱不夺？"师云："王登宝殿，野老讴歌。"

（《五灯会元·卷十一》）

这个"夺与不夺"的"四料简",就比那个"四宾主"麻烦多了,因为这全是"主"上的作为。作为一方宗师,用禅宗的话说要"接人度众",使那些来参学的各个"开眼而归"。前面在谈机锋棒喝时,其实已经谈到了其中的功用。"夺"就是否定,"不夺"就是"肯定"。宗师面对参学的人,首先必须自具法眼,明了参学者的火候或病症,方好对症下药、应机接引,"夺"其执迷之处,"不夺"其禅悟根机。在"夺"与"不夺"中,将参学者的那个"本分"剥剔出来。如临济禅师自己所说:

> 如诸方学人来,山僧此间作三种根器断:如中下根器来,我便夺其境,而不除其法;或中上根器来,我便境法俱夺;若上上根器来,我便境法人俱不夺;如有出格见解人来,山僧此间,便全体作用,不历根器。
>
> (《人天眼目·卷一》)

对这个"四料简",临济禅师自己已讲得非常明白,下面看他的"四喝":

> 师谓僧曰:"有时一喝如金刚王宝剑,有时一喝如踞地狮子,有时一喝如探竿影草,有时一喝不作一喝用。汝作么生会?"
>
> (《五灯会元·卷十一》)

"有时一喝如金刚王宝剑",金刚王就是佛,宝剑在佛教中就是智慧。前面我们谈到的"截流"——截断意识之流,使精神超越狭隘河道而"全体起用",就是这"一喝"的作用。

"有时一喝如踞地狮子",狮子是百兽之王,狮子一吼,百兽恐惧。在人们的心灵中,若能有如此威猛的一吼,那么心灵中的猥亵内容,就如同鸡狗狐兔一样逃避无踪了。这样的吼,对人对己无疑是极有益处的。"我有迷魂招不得,雄鸡一唱天下白。"这是唐代诗人李贺的名句。在李贺的情感中,雄鸡一声尚有如此的力量,何况狮子之吼。

"有时一喝如探竿影草",探竿,既可测水之深浅,又可打草惊蛇;

影草，故设疑地，"八公山上，草木皆兵"。看武侠小说的人都知道探竿影草的作用有多大。既然一喝有金刚王宝剑和狮子吼的作用，怎么还会有探竿影草这不伦不类的东西呢？临济大师的确在这里故设疑阵，试探对方，用《人天眼目》的话来说，就是"看你有师承无师承，有鼻孔无鼻孔"。苏东坡对禅宗有一定的入处，平常也时常到禅门去戏谑。有一次他去见玉泉承皓禅师，大言不惭地自称姓"秤"，是"专秤天下老和尚舌头的"。那承皓禅师振威一喝，问："请问我这一喝重多少？"苏东坡张口结舌，回答不出。这一喝，就是探竿影草的作用。

"有时一喝又不作一喝用"，里面卖的什么药呢？《人天眼目》中说，在这一喝中，同时具三玄三要、四料简、四照用、四宾主等种种功用。对于其中的奥妙，笔者在《生活中的大圆满法》中已作介绍，这里就不再重复了。

临济宗的作略极多，在后面对"黄龙"、"杨岐"禅派的介绍中再加以介绍，下面我们再看《人天眼目》中的"临济门庭"：

> 临济宗者，大机大用，脱牢笼，出窠臼。虎骤龙奔，星驰电激。转天关，斡地轴，负冲天意气，用格外提持。卷舒擒纵，杀活自在。是故示三玄三要，四宾主，四料简，金刚王宝剑，踞地狮子，探竿影草，一喝不作一喝用，一喝分宾主，照用一时行。四料简者，中下根人来，夺境不夺法；中上根人来，夺境夺法不夺人；上上根人来，人境两俱夺；出格人来，人境俱不夺（这里与《古尊宿语录》记录不同，读者应自具见地）。四宾主者，师家有鼻孔，名主中主；学人有鼻孔，名宾中主；师家无鼻孔，名主中宾；学人无鼻孔，名宾中宾。与曹洞宾主不同。三玄者，玄中玄，体中玄，句中玄。三要者，一玄中具三要，自是一喝中体摄三玄三要也。金刚王宝剑者，一刀挥尽一切情解。踞地狮子者，发言吐气，威势振立，百兽恐悚，众魔脑裂。探竿者，探尔有师承无师承，有鼻孔无鼻孔。影草者，欺瞒作贼，看尔见也不见。一喝分宾主者，一喝中自有宾有主也。照用一时行者，一喝中自有照有用。一喝不作一喝用者，一喝中具如是三玄三要四宾主四料简之类。大约临济

宗风，不过如此。要识临济么？青天轰霹雳，陆地起波涛。

（《人天眼目·卷二》）

临济禅法，素称彻骨彻髓，透顶透底。有兴致者，尽可以看《临济语录》及临济宗诸家大师的风范。有一则公案极具其风貌，兹录于下：

> （王常侍一日访师，同师于僧堂前看）王问："这一堂僧还看经么？"师云："不看经。"曰："还学禅么？"师云："不学禅。"侍曰："既不看经，又不习禅，毕竟作个甚么？"师云："总教伊成佛作祖去。"

（《五灯会元·卷十一》）

"总教伊等成佛作祖去"，这是何等的气概，没有彻骨彻髓、透顶彻底的见地，谁敢夸如此大的海口。以后临济门下，龙象辈出，如兴化、南院、风穴、首山、汾阳、楚圆等，这些还仅算"嫡系"，"旁支"就更多了。而楚圆以下又有黄龙、杨岐两大禅系出世，宋代以来占据了几乎全部汉地的佛教舞台，并推行到朝鲜、日本和越南，可见其声势的宏大。

（三）鸟道玄路、月影芦花的曹洞禅风

禅林内常以"曹洞农夫，临济将军"喻两家禅风，灼然确有见地。曹洞禅风，稳健缜密，与临济之雄猛刚强有明显之差别。这种"精耕细作"的曹洞禅风，也并非 ABCD，习久而熟，如"鸟道玄路，月影芦花"之喻，深明其恍惚玄奥，非有心深契者，难以明之。曹洞之武库，储于《宝镜三昧》之中，当专章详说，这里就洞山、曹山二祖师之提倡，略作介绍。

禅宗"不立文字，直指人心"之说，自六祖以来，经马祖、石头、百丈、药山数代相传，渐成窠臼，其中棒喝、机锋、转语已成禅门时尚，所以鱼目混珠者有之，疯癫狂肆者有之。洞山禅师深明此弊，所以细加回互，以资勘验。洞山接人不似德山临济，多于缜密稳实处下手。

如下面的公案：

> 僧问："师寻常教学人行鸟道，未审如何是鸟道？"师（洞山）
> 曰："不逢一人。"曰："如何行？"师曰："直须足下无私去。"曰：
> "只如行鸟道，莫便是本来面目？"师曰："阇梨因甚颠倒？"曰：
> "甚么处是学人颠倒？"师曰："若不颠倒，因甚么却认奴为郎？"
> 曰："如何是本来面目？"师曰："不行鸟道。"
>
> （《五灯会元·卷十三》）

　　鲁迅说："世上本没有路，走的人多了也便成了路。"禅宗常说："佛语心为宗，无门为法门。"若依常人路径，即非教外别传。鸟道非人畜之路，虚空中无路无径，有翅者自可翱翔。佛性也无门无径，悟入者即海阔天空。如果陷在语言文字之中，落在佛言祖语之内，即成束缚。尼采说过："我的头脑，不是他人跑马的场所。"洞山教人行鸟道，是指明无路之路。若不明白这个道理，把鸟道当作教条，又成了死路，所以洞山又回转一句："不行鸟道。"

　　鸟道即玄路，洞山一生多加提持，如圆寂时的《辞世偈》云：

> 学者恒沙无一悟，过在寻他舌头路。
> 欲得忘形泯踪迹，努力殷勤空里步。

　　这个"空里步"也是"鸟道玄路"。

　　曹洞宗人《宝镜三昧》中有《大功一色》之偈，深明鸟道玄路之功用：

> 白牛雪里觅无踪，功尽超然体浩融。
> 月影芦花天未晓，灵苗任运剪春风。

　　能行鸟道，即能与天地万物为一体，消除了人我、法我的种种差别界线，如同"白牛雪里觅无踪"一样。人生宇宙打成一片，自然"体浩融"了。这首诗偈境界明白，意趣极高，是曹洞禅代表之作。

　　对洞山良价禅师的介绍已多，再看曹山本寂禅师（840—901 年）。

曹山虽继承洞山，亦自有其风格。当时有"德山棒"、"临济喝"之说，还有"曹山锥"之语。曹山之禅，利如钢锥，可见其禅风之锐。请看下面公案：

> 问："灵衣不挂时如何？"师（曹山）曰："曹山孝满。"曰："孝满后如何？"师曰："曹山好颠酒！"
>
> （《五灯会元·卷十三》）

这则公案，是对禅境达到了高度自在后喜悦欢快的表述。为了达到目的，人们的行为活动，总要受到种种限制，以利于对目标的追求。当达到了目的，同时也就超越了因目的而设立的那些限制。禅的修行也是如此，修行的过程如同守孝一般，不敢有半点疏忽和苟且。也如激流行舟一样，那可是有关生命的事。当你闯过了激流而到达了彼岸，那种轻松和自在真是不言而喻。"好颠酒（来）"，正是这种畅快的由衷表现。再看：

> 问："学人十二时中，如何保任？"师曰："如经蛊毒之乡，水也不得沾着一滴。"
>
> （《五灯会元·卷十三》）

前面介绍过"牧牛"、"守孝"，这里，曹山更加严肃地指出了在修行过程中，主观精神不可放逸的重要性。"如经蛊毒之乡，水也不得沾着一滴。"沾上了一滴，那就别修行了。曹山之毒，曹山之锥，最令人头痛难解的是下一则公案：

> 问："国内按剑者谁？"曰："曹山。"曰："拟杀何人？"师曰："一切总杀。"曰："忽逢本生父母又作么生？"师曰："拣甚么？"曰："争奈自己何？"师曰："谁奈我何？"曰："何不自杀！"师曰："无下手处。"
>
> （《五灯会元·卷十三》）

这是一个极为尖锐的问题。佛教强调要看破红尘，出离世间，那么自己的家庭责任、社会责任又该怎么办呢？自古以来，佛教在这方面就不断受到激烈的批评。对此，禅宗认为，应该是即世间出离世间，不被世间法所拘系，更不为世间法所染污。出世间不等于不要人类社会，不要社会关系，而正是要在这个社会和社会关系中达到对人生的自觉。“无下手处”，实际上就是说，要使精神从现象世界中解脱出来，并不是要否定或破坏这个现象世界。若真的去否定，那必然是疯子。粗看起来，这似乎是一种狭缝中的境界，使人左右为难。但恰恰是这个为难之处，反而会激发人们更高的智慧。

关于曹洞禅风，在《宝镜三昧》中还有较细的述说，这里先就此打住。

（四）干屎橛和北斗里藏身的云门禅风

五代时在广东韶州出了一位著名的大禅师，叫云门文偃禅师（864—949 年），是云门宗的开山祖师。当一位祖师是很不容易的，以文偃禅师的老师雪峰而言，除了跟随其老师德山禅师外，还“三到投子，九上洞山”。再如赵州“八十行脚”，走遍了长江南北，大河上下，无非是到处参学历练。云门文偃禅师也一样，除了先参睦州，后随雪峰外，后来又历访洞山、疏山、曹山、天童、归宗、灌溪等各地尊宿，炼就了铜头铁骨，最后才在韶州开法。

云门师承很多，既有黄檗、睦州、临济、德山一类刚烈迅猛之禅风，也有洞山、曹山、雪峰一类清雅缜密的禅风，并自成一路。其著名的有“一字禅”、“格外玄机”、“云门三句”等。下面我们举公案欣赏：

> 僧问：“如何是云门剑？”师（云门）曰：“祖。”问：“如何是玄中的？”师曰：“埿。”问：“如何是吹毛剑？”师曰：“骼。”又曰：“胔。”问：“如何是正法眼？”师曰：“普。”问：“如何是啐啄机？”师曰：“响。”问：“如何是云门一路？”师曰：“亲。”……
>
> （《五灯会元·卷十五》）

禅宗的问答，须问在答处，答在问处。犹如“1 + 1 = 2”那样正确明白，也使人心机不生，心意泯绝，以通向上一路，方为作家手眼。云门禅师的"一字禅"就达到了这样的火候。如"啐啄机"，本来是指母鸡孵蛋成熟时，小鸡在蛋壳里向外啐，母鸡在外啄，同时啐啄蛋壳使小鸡出来。禅宗接人也如这样"接生"一般，学人因缘未到，成了"早产儿"就不健康，"接生"迟了，往往又会"死在腹中"。历来禅门打"禅七"间或会出现一些事故，引起个别学人疯癫，就是"啐啄"不能同步。云门禅师一个"响"字，生动形象地说明了这层意思，同时使人心意明白，又不格外有所增减。再如一个"普"字，也是把"正法眼"的道理讲清楚了，又不落痕迹。佛法无边，普照一切，不就是一个"普"字吗？但这样的答话，又有"截流"的功用运贯于其中，这就是云门"一字禅"的妙用了。

再看"格外玄机"。在《云门禅师广录》的序中有：

> 祖灯相继，数百年间，出类迈伦，超今越古，尽妙尽神。道盛行于天下者，数人而已，云门大宗师特为之最。擒纵舒卷，纵横变化。放开江海，鱼龙得游泳之方；把断乾坤，鬼神无行走之路。草木亦当稽首，土石为之发光。

这个"序"，对云门禅师赞叹备至，实非妄崇。云门大师的禅风，在当时的禅林的确使人耳目一新，在赵州、临济、洞山、雪峰诸大师上又有新的发挥。如赵州那个著名的"庭前柏树子"、"吃茶去"等话头，在云门大师那里变得更为孤绝硬朗，还具有棒喝一样的力量。你看有僧问他："如何是佛？"他回答说："干屎橛。"使学人没有半点可以"拟议商量"的余地。因为在逻辑中，哪怕是在非逻辑的想象中，"干屎橛"都与佛挂不上号，何况更有对佛极不恭敬的情调在其中。对于那些满腹热情，对佛装着一肚子理论的人来说，无疑比挨棒子还要头痛，当时头脑中会产生一种什么样的状态呢？这样的状态会使人开悟吗？这只有当事人才说得清楚了。不过后来许多高明的禅师对云门"干屎橛"这样的答话是极为推崇的，认为这是可以使学人思想脱离常轨的"格外玄机"。

再如有关释迦牟尼佛诞生的那个故事。佛刚一诞生，居然就"一手指天，一手指地，周行七步，目顾四方，云：天上天下，唯我独尊"。这个故事对佛教而言是天经地义的，但云门禅师在谈到这个故事时却说："我当时若见，一棒打杀，与狗子吃却，贵图天下太平。"这一段话，后来不少禅师加以引用和赞叹。为什么呢？这也是"格外玄机"，在禅宗的"杀活纵夺"中属于"杀"和"夺"的手法。对那些对佛菩萨无上智慧和人格不去学习，对禅宗的无上"心法"不去体会，反而天天谈神说异，追求神通，或者只知佛、不知自己存在价值的人，云门禅师的这种作为，不是极其伟大吗！许多禅师说："老僧不惜性命，也要点明这一著子。"依佛教的说法，谤佛谤僧要"下地狱"，云门大师与德山、临济一样是不怕下地狱的，即使是下地狱，也敢于"呵佛骂祖"，以消除学人对佛的那种依赖心理而敢于发现和成就自己。要开悟、要明心见性，连这点精神素质都没有，岂不是笑话么？石头禅师说："丈夫自有冲天志，不向如来行处行。"没有这样的气概，最好不要去学禅宗。

所以，有人问云门禅师"如何是超佛越祖之谈"时，云门禅师的回答是："胡饼。"这的确是"超佛越祖"的效应。但那人不知所以，不服地说："这是答非所问嘛。"云门禅师说："这的确与所问的没有关系嘛。"云门禅师以下所说极妙：

> 汝等诸人，没可作了，见人道著祖意，便问超佛越祖之谈。汝且唤甚么作佛，唤甚么作祖？且说超佛越祖的道理看？问个出三界，汝把将三界来？看有甚么见闻觉知隔碍着汝？有甚么声尘色法与汝可了？了个甚么椀？以那个为差殊之见？他古圣不奈何，横身为物，道个举体全真，物物觌体不可得。我向汝道，直下有甚么事，早是相埋没了也。汝若实未有入头处，且独自参详，除却著衣吃饭，屙屎送尿，更有甚么事？无端起得如许多般妄想作甚么？更有一般的如等闲相似，聚头学得个古人话路，识性记持，妄想卜度，道我会佛法了也。只管说葛藤，取性过时，更嫌不称意。千乡万里，抛却父母师长，作这去就。这般打野汉，有什么死急，行脚去！
>
> （《五灯会元·卷十五》）

云门大师这一席话，对那些狂禅、八股禅、文字禅等无疑是当头棒喝。禅宗的兴起，原是以全部佛法为基础，没有唐代鼎盛的佛教作为基础，也不可能产生禅宗。那些连佛教基本常识都不具备，连起码的戒定慧素养都没有的人，哪有资格来谈禅宗呢？所以云门禅师这一席话，无疑是救弊之语。唐末五代时，几乎天下僧人都忙着参禅，那种场面，比现在"追星族"追星还要热闹。而真正禅门中人，也因师法之行，必然积久成弊，所以云门禅师又有参禅时的"两种病"之说：

> 光不透脱，有两般病。一切处不明，面前有物是一。又透得一切法空，隐隐地似有个物相似，亦是光不透脱。又法身亦有两般病，得到法身，为法执不忘，己见犹存，坐在法身边是一。直饶透得法身去，放过即不可，仔细点检将来，有甚么气息，亦是病。
>
> （《五灯会元·卷十五》）

云门禅师这一席话极不好理解，因为这是针对那些参禅"有得"的人说的，是对那些"明心见性"的人说的。既然已经"明心见性"了，怎么还会有病呢？可以肯定的是，既然"有病"，那就肯定没有明心见性。开点后门说，最多只是"破本参"，尚未"透重关"、"砸牢关"。如躺在自己所谓"开悟"的见地上自以为是，就是"光不透脱"。认为自己有个"悟"，有个"空"，有个"法身"，这样的病就非同一般，丛林中称之为"禅病"——这种"禅病"与坐禅那种"禅病"不同。下面举赵州的一个公案来说明：

> （严阳尊者）初参赵州，问："一物不将来时如何？"州云："放下著。"师曰："既是一物不将来，放下个甚？"州云："放不下，担取去。"师于言下大悟。
>
> （《五灯会元·卷四》）

这位严阳尊者，在见到赵州之前，犯的正是云门禅师所说的那种病，"既是一物不将来，还放下个甚？"你看，这"病"还不轻。若遇到那些"瞎眼阿师"，印可了严阳尊者，那他这病就无法治了。好在遇见"赵州古佛"，一句话下来，就治好了他的"病"，并使他"言下大悟"。这里的分寸极难把握，非明眼"大善知识"，是不敢去玩这个法的，不然如临济禅师在其"四宾主"中所讽刺的那样，真是羞死先人了。

既然"光不透脱，有两般病"，"法身亦有两般病"，那么在平常接人时怎么办呢？有一现成公案如下：

问："如何是透法身句？"师曰："北斗里藏身。"

（《五灯会元·卷四》）

"法身"，是佛教徒修行最高境界"涅槃"的又一称谓，也就是如佛一样回到了宇宙本原，与宇宙万物同在的那么一种永恒的精神存在。达到了这样的境界，"我即宇宙，宇宙即我"。这是无须再用什么来表达的，也不可能表达的。借用庄子的一句话说："既已为一矣，岂能有言乎？"云门禅师的意思是，你最好到那遥远的北斗星中去感受吧！因为这个问题一经提出，就已经远离这个问题本身了。

云门禅师接人，除了人们所熟悉的那一类外，还有一些极其巧妙有趣的手法，值得在这里介绍一番：

云门禅师有一次在对众的开示中，举玄沙师备禅师的一段话来启发大家。玄沙说："如今禅林中个个说普度众生，要人人顿悟成佛，如果有三种病人来，又该怎么接呢？比如面对一个瞎子，你用竖棒举拂这类手法（禅师们惯用的），他又看不见；如是对一个聋子，你对他说那些机锋转语，说玄说妙，他又听不见；如果是对一个哑巴，哪怕他是开悟的人，要请他说又说不出。既是佛法无边，如果这三种人不能接引普度，那么佛法就不灵——有什么资格去奢谈普度众生呢？若说佛法有灵，那么又可用什么方法来接引他们呢？"云门禅师把这个故事介绍了，当时就有个僧人来请教。云门禅师说："你先礼拜了再说。"那僧刚一礼拜，云门禅师挥棒就打，那僧赶忙后退，云门说："你不是瞎子吗？怎么看得见呢？"又叫他近前来，那僧向前走了几步，云门说："你不是聋子吗？怎么又听得见呢？"云门又问他："刚才的道理你理会了没有？"

那僧说："我还没有理会到。"云门说："你不是哑巴吗？怎么会开口说话呢？"这样一来，那个僧人就开悟了。

云门禅师这种示人手法极为巧妙，盲聋哑只是人身体上的残疾，而人的那个"佛性"永远不会患这种残病。对那个僧人而言，不在于他的身体是否盲聋哑，恰恰就在这里，云门禅师让他自己领悟到了不聋不盲不哑的那个"佛性"。下面我们看《人天眼目》中所介绍的"云门门庭"：

> 云门宗旨，绝断众流，不容拟议。凡圣无路，情解不通。僧问："如何是雪岭泥牛吼？"师云："天地黑。""如何是云门木马嘶？"云："山河走。""如何是学人自己？"云："游山玩水。"问："机缘尽时如何？"云："与我拈却佛殿来，与汝商量。""如何是透法身句？"云："北斗里藏身。""如何是教外别传？"云："对众问将来。"大约云门宗风，孤危耸峻，人难凑泊。非上上根，孰能窥其仿佛哉！详云门语句，虽有截流之机，且无随波之意。法门虽殊，理归一致。要见云门么？拄杖子踔跳上天，盏子里诸佛说法。
>
> (《人天眼目·卷二》)

（五）禅融华严、一句通关的法眼禅风

在五代南唐京城金陵（南京）城内的清凉禅院，有一位被南唐皇帝李璟所尊崇，并谥封为"大法眼禅师"的禅宗祖师——法眼文益禅师（885—958年）。法眼宗在禅门五宗内最为后起，从五代中到北宋初约风行百年。虽不如临济、云门那样轰轰烈烈，也不如曹洞那样久远绵长，但有其特有的风格和独到救弊之处，为当时及后来禅宗所尊崇。

唐末五代，禅宗风行已久，佛教经教无人过问，除少数大师能禅教并行外，大多僧人既不知禅，也不知教，只学了一些"盲棒瞎喝"自己也不知其然的禅宗手法混世。所以到了这时，那些有眼光的禅师感到有必要"重振教纲"，以救时弊，在当时功绩最大的就是法眼宗。从法

眼文益禅师开始，经天台德韶、永明延寿三代，使消沉已久的华严、天台、唯识、净土各宗，得到了某种程度的恢复。

法眼禅师最初参学于雪峰弟子长庆慧稜禅师，当时就有相当的名声。他的那位"叔伯师兄"罗汉桂琛禅师（罗汉桂琛是雪峰的嫡系法孙）很器重他，但也知道他在"长庆门下"不会"成器"，于是想方设法接引他。有次法眼与人结伴出游，遇大雨后暂避罗汉禅院，桂琛问他："上座何往？"法眼说："逦迤行脚去。"桂琛又问："行脚作么生？"法眼说："不知。"桂琛说："不知最亲切。"法眼当下就"有省"。当时桂琛禅师又与他讨论《肇论》，到"天地与我同根"时，桂琛问他："山河大地与你自己是同是别？"法眼说："不同。"桂琛竖起两个指头。法眼又说："那就是同了。"桂琛笑了笑，又竖起两个指头就出去了。第二天天晴了，法眼及同伴向桂琛禅师告辞时，桂琛问他："你平常爱说三界唯心，万法唯识，你看院里那块石头，是在心内还是在心外呢？"法眼说："当然是在心内。"桂琛禅师说："师兄，你是怎样把这块石头放在心内的呢？"法眼回答不出，于是就留在罗汉禅院参学。一个月来，都与桂琛禅师辩玄说理。桂琛一再摇头，说："真正的佛法不是这个道理。"法眼有理说不清，最后只好问："那师兄有何高见呢？我的理解只能如此了。"桂琛禅师一句话，法眼就大悟了。桂琛说的是哪句话呢？"若论佛法，一切现成。"

法眼文益开法接众以来，门庭若市，四方参学之众不绝。法眼接人，有自己的方法，首先他深通儒家学说，在他的"法语"中，更显示了他对华严宗的熟悉和圆融，是唐代圭峰宗密禅师后的又一大家，如：

> 大凡祖佛之宗，具理具事。事依理立，理假事明。理事相资，还同目足。若有事而无理，则滞泥不通；若有理而无事，则汗漫无归。欲其不二，贵在圆融。且如曹洞家风，则有偏有正，有明有暗。临济有主有宾，有体有用。然建化之不类，且血脉而相通，无一不该，举动皆集。又如法界观，具谈理事，断自色空。海性无边，摄在一毫之上；须弥至大，归藏一芥之中……不著他求，尽由

心造，佛及众生，俱平等故。

（《宗门十规论》）

在这里，法眼已把华严宗旨和曹洞、临济的禅风融合而用了。在具体的运用中也如实发挥，如其在《颂华严六相》中说：

> 华严六相义，同中还有异。异若异于同，全非诸佛意。诸佛意总别，何曾有同异。男子身中入定时，女子身中不留意。不留意，绝名字，万象明明无理事。

若将法眼禅师这个"颂"，与后面我们将看到的圆悟克勤禅师与张商英论华严与禅结合着看，当是别有一番滋味。法眼禅师作《宗门十规论》，又注石头禅师的《参同契》，对后世禅宗规范有很大的影响。在其弟子天台德韶禅师时，从高丽迎回了大量在唐末失传的天台宗典籍，为宋代天台宗的复兴奠定了基础。后来永明延寿禅师集合一批学者作长达百卷的《宗镜录》，如《禅林僧宝传》所说：

> 延寿以一代时教，流传此土，不见大全。而天台、贤首（华严）、慈恩（唯识），性相三宗，又互相矛盾。乃为重阁，馆三宗知法比丘，更相涉难，至波险处，以心宗旨要折衷之。因集方等秘经六十部，西天此土圣贤语三百家，以佐三宗之义，为一百卷，号《宗镜录》，天下学者传颂焉。

永明延寿不仅融合禅宗与天台、华严、唯识诸宗之说，还作《万善同归集》，提倡"一心念佛"的净土宗，使净土和禅宗也搭上了关系。这在已经一统天下，又将统一人心的赵宋王朝无疑是受欢迎的，对经教消沉已久的佛教也是有积极意义的。

法眼宗毕竟是禅宗，其接人手段，也有其特殊的方法，而且是独到的方法。这就是其"一句关"。如：

> 一日，法眼上堂，僧问："如何是曹源一滴水？"眼云："是曹源一滴水。"僧惘然而退。师（天台德韶禅师）于坐侧，豁然

开悟。

（《五灯会元·卷十》）

真是落花有意，流水无情，就在这个同语反复中，天台德韶禅师居然开悟了。其实在中国的语言艺术中，同语反复有其极大的好处和用处，孔夫子著名的"君君臣臣父父子子夫夫妇妇之道"，全是同语反复，却说出了社会和家庭伦理的真谛。这个同语反复，往往使人自觉或不自觉地进入"名实相合"这样一种境界，这在逻辑上未必说得清楚，但在生活中则常常可以遇到。法眼禅师对一句通关的"一句禅"运用的效果是极大的，前面我们介绍过"丙丁童子来求火"的公案也是其中一例。再如：

（慧超）谒师问云："慧超咨和尚，如何是佛？"师云："汝是慧超。"超从此悟入。

师问修山主："毫厘有差，天地悬隔，兄作么生会？"修云："毫厘有差，天地悬隔。"师云："恁么会又争得。"修云："和尚如何？"师云："毫厘有差，天地悬隔。"修便礼拜。

僧问："如何是第二月？"师云："森罗万象。"曰："如何是第一月？"师曰："万象森罗。"

（《五灯会元·卷十》）

法眼禅师这种接人手法，后世也常运用，如宋代圆悟克勤禅师：

成都府范县君……请示入道因缘，悟令看"不是心、不是佛、不是物，是个甚么"。久无所契。范泣告悟曰："和尚有何方便，令某易会。"悟曰："却有个方便。"遂令只看"是个甚么"。范后有省，曰："元来恁么近那。"

（《指月录·卷三十》）

当然，法眼禅师既为一方祖师，其接人的方法也是多方面的，因为"对机接机"不可以"一刀切"。如有人问："十二时中如何行履？"法眼禅师的回答既简洁又中肯,他说:"步步踏著。""行履"在禅宗内一般都指修行达到某种程度后,或开悟后继续修行的专用术语。"步步踏著",没有真知灼见是绝对说不出这么一句话来的。在生活和工作中尚且不能踏虚一步,一失足成千古恨嘛,何况有着更为崇高的目的?但这脚步,应该踏在什么地方呢?我们的心,又应该时时刻刻放在什么地方呢?开个玩笑,只有在热恋中的情人,最能体会个中滋味。再看:

> 僧问:"指即不问,如何是月?"师曰:"阿那个是汝不问的指?"又僧问:"月即不问,如何是指?"师曰:"月。"曰:"学人问指,和尚为甚么对月?"师曰:"为汝问指。"
>
> (《五灯会元·卷十》)

你若不知月亮在哪里,可以通过我手指的方向而见到月亮。所以这个公案是方法和目的的有关辩论。针对第一个问题,法眼禅师要他先懂得方法,没有方法,怎能达到目的呢?针对第二个问题,法眼禅师要他先明白自己的目的,没有目的,方法又有何意义呢?当然,方法和目的是一体的,就禅宗而言,若能明白"这个",是可以"当下开悟"的。

下面来看《人天眼目》中的"法眼门庭"。

> 法眼宗者,箭锋相拄,句意合机。始则行,行如也;终则激发,渐服人心。削除情解,调机顺物,斥滞磨昏。种种机缘,不尽详举。观其大概,法眼家风,对病施药,相身裁缝;随其器量,扫除情解。要见法眼么?人情尽处难留迹,家破从教四壁空。
>
> (《人天眼目·卷四》)

(六) 我手佛手、黄龙三关的黄龙禅风

临济宗在临济义玄禅师后,虽历代均有佼佼者,但其法门的宏大,是在入宋以后。临济义玄禅师下历传兴化、南院、风穴、首山省念四代,到首山省念时,其弟子龙象成群,如汾阳善昭、叶县归省、神鼎洪諲、谷隐蕴聪等十余人,宋太宗时的宰相王随也是他的学生。到了汾阳

善昭时代，汾阳门下出石霜楚圆、琅邪慧觉、大愚守芝等十余人。叶县门下出浮山法远、宝应法昭等。特别是到了石霜楚圆（986—1039 年）时，其门下更出了黄龙慧南和杨岐方会两位杰出大师。与当时鼎盛一时的云门宗一起，使禅宗在北宋中期进入了"烂熟"时期。

在江西南昌有一个黄龙禅院，慧南禅师在那儿传法弘道，弟子如龙似虎，人才辈出，并在临济宗内自成体系，所以后来就称其为临济——黄龙禅派，被列为五宗七家之一。

黄龙慧南禅师（1002—1069 年）得法不易，还颇受周折。最初他是云门宗泐潭怀澄禅师的得法弟子，已经"分座接物，名震诸方"，是当时禅林中的"明星"人物了。一次游山时偶然遇到临济宗的云峰文悦禅师，云峰文悦说泐潭怀澄禅师并没有得到云门宗的真谛，是"以死语传人"，黄龙慧南虽然不服，但心中还是起了疑意，便向云峰文悦请教："当今禅林中，哪一位老师是过硬的呢？"云峰文悦就向他推荐了石霜楚圆慈明禅师。

后来黄龙慧南到楚圆那里参问，楚圆禅师多方"勘验"他，他却屡屡"汗下不能加答"。以后楚圆禅师对他就不客气了，每次参问时，楚圆对他都是"诟骂不已"。后来黄龙慧南忍不过了，对楚圆说："佛法是讲慈悲度人的，您老成天骂人，难道是慈悲佛法吗？"楚圆说："你太令人失望了，我给你说无上的佛法，你却当作骂人来理解吗？"黄龙慧南于是"言下大悟"。

老子说过："反者道之动，弱者道之用。"佛教认为，无魔不成佛。石霜楚圆禅师是一位反用其道的高手，他用极不近情理的方法来对待学生，让其在"反"的方面领会到禅的意趣，真是别开生面。我们也可以想想，真理是正面的呢？还是反面的、侧面的呢？肯定都不是，真理只能是全面的。"向对立面转移"是克服片面性的主要方法，所以是"反者道之动"。如楚圆的老师汾阳善昭，有一次对庙里僧众说："昨晚梦见亡父母来要酒肉钱，今天我要为之祭奠一下，顺随风俗，请大家不要见怪。"当天晚上，汾阳善昭把父母祭奠完毕，却独自公开在那儿大吃酒肉。僧人们都看不下去，说："原来你是一个酒肉和尚，哪有资格给我们当师父。"于是大多都散伙了，只留下楚圆和几个有胆识的学生。所以，楚圆禅师这一派"反用"的手法是有其师承的。

黄龙禅师得法后，法席极盛，著名弟子就有数十人之多。他之所以自成一派，也有其自成一套的方法，其中最著名的就是"黄龙三关"。

> 师室中常问僧曰："人人尽有生缘，上座生缘在何处？"正当问答交锋，却复伸手曰："我手何似佛手？"又问："诸方参请，宗师所得？"却复垂足曰："我脚何似驴脚？"三十余年，示此三问，学者莫有契其旨。脱有酬者，师未尝可否，丛林目之为黄龙三关。
>
> （《五灯会元·卷十七》）

黄龙慧南的方法就是一方面与禅友、学生正常讨论，在讨论过程中，忽然冒出一些不着边际的问话，使人茫然不知所措，也就是叫人"回不过神"，在这里，要过关必须马上过关，"马后炮"、"事后诸葛亮"是不行的。所以在长达三十年的时间里，众多的禅僧对此莫测高深，成了人们谈虎色变的"黄龙三关"。对这三关，后来黄龙慧南自己也作了相应的，但同样莫测高深的注脚，他是用偈颂的方式来作说明的，题名叫《自颂》。

其一

生缘有语人皆识，水母何曾离得虾？
但见日头东畔上，谁能更吃赵州茶？

其二

我手佛手兼举，禅人直下荐取。
不动干戈道出，当处超佛越祖。

其三

我脚驴脚并行，步步踏著无生。
会得云收日卷，方知此道纵横。

总颂

生缘断处伸驴脚，驴脚伸时佛手开。

为报五湖参学者，三关一一透将来。

黄龙慧南禅师这三关，在黄龙禅派内广为运用——当然不是机械运用，如他的学生、著名的宝峰克文禅师在接引湛堂文准时又曾用过这种手法。湛堂在拜谒宝峰时，宝峰问他："你从哪儿来？"湛堂说："我从仰山来。"宝峰又问："今年曾在哪儿坐夏呢？"湛堂说："我在沩山坐夏。"宝峰又平和地问："你老家在哪儿呢？"湛堂说："我是陕西安康人。"这时，宝峰忽然把双手一展，问："我手何似佛手？"这突如其来的一问，使湛堂莫名其妙，不知他用意何在。宝峰说："我刚才问你那些，你一条一条回答得清楚明白，为什么问你一句何似佛手，头脑就转不过弯了呢？你说，这个原因何在？"湛堂惭愧地说："我的确不会。"宝峰禅师说："佛法和那些万事万物万法，都是直接现成的——一切现成，用不着你去会与不会啊！"这时，湛堂文准就大悟了。

在黄龙慧南门下，有黄龙祖心、东林常总、宝峰克文等数十位大师，真是人才济济，在北宋中后期显赫一时，声势超过了云门、曹洞和与它同时产生的临济——杨岐禅派。许多著名的士大夫，如黄庭坚、苏轼、苏辙、王韶、吴询、张商英、吴居厚等，都与该禅派渊源极深，并被列为"门人"。上面提到过的那位宝峰克文禅师，有一首《法身偈》极有趣，录在这里供欣赏：

> 事事无碍，如意自在。
> 手把猪头，口颂净戒。
> 趁出淫房，未还酒债。
> 十字街头，解开布袋。

里面说的是什么意思呢？佛门之中还有如此不伦不类的"如意自在"吗？其实这也是"反者道之动"的一种表现，在精神中打破了一切枷锁，并不等于在生活中就会触犯刑律，禅宗追求的，是一种超越思维，超越社会和自然的"向上一路"啊！所以圆悟克勤禅师后来向张商英说起这个偈子时，张商英竟听得手舞足蹈。

但黄龙禅派的好景并不长，风行不到百年，在北宋末期为杨岐禅派所取代。宋室南渡后，黄龙禅派与云门宗一样，就渐渐消沉无闻了。

（七）从三脚驴到话头禅的杨岐禅风

黄龙慧南禅师在石霜楚圆禅师那里得法稍前几年，楚圆的另一个弟子方会（992—1049年）已在江西瑞州九峰山开法，后来迁往袁州的杨岐山和湖南潭州的道吾山。因其在杨岐山开法的时间特别久，所以后来都称他为"杨岐方会禅师"。

禅宗的祖庭，古今都有一定的热闹之处。如沩山，离韶山很近，曾经是唐尧"下二女子沩汭"考验帝舜之处，"斑竹一枝千滴泪"所指的就是那里。而仰山所在就是今天的罗霄山，离井冈山很近。杨岐山的得名也很有趣，与庄子同时的杨朱，曾因"歧路亡羊"的典故而闻名于世，这个杨岐山，恰恰就是杨子"歧路而哭"之处。

杨岐方会的得法，略同于黄龙慧南，不过要潇洒自在得多。方会年幼时就相当机敏，青年时不愿读书，却喜欢事务工作，大概犯错误，跑到瑞州九峰山出家（一说是湖南道吾山）。读佛经，他是心领神会，并能虚心"叩参老宿"。后来楚圆禅师到道吾山，他就留在楚圆身边，当监院——他大概天性就能胜任事务性的工作。在寺院中，要想出头，要想成佛作祖必须要明心见性，还要得到"印可"才行。其方式是经常向老和尚"咨参"，若因缘投机，能"言下大悟"，老和尚又"印可"了，这才有资格"分座"，乃至接受"诸方迎请"或官府委任，到一丛林任住持。名声大了，自然是一代祖师了。

方会跟随楚圆很有一段时间，但"未有省发"，每次向楚圆参问时，楚圆都说："庙子里的事情太繁了，你先把工作干好吧。"后来又说："不要急，你以后儿孙遍天下，场面大得很，何必急于求成呢？"有一天楚圆外出后，天忽然下大雨，方会算好了楚圆回来的路径，半路截住，说："老和尚今天必须给我说清楚，不然就对不起了，我要打人。"楚圆笑着说："知是这般事便休。"你知道有这个事就行了，话还未完，方会就大悟了。第二天，方会去叩谢楚圆，楚圆并不买账，根本不与印可。楚圆有个习惯，就是每天下午都要外出逛山，晚上才回寺庙。方会于是每晚击鼓集众——他是监院，有这个权力召集僧众，在方丈外等候参启。楚圆大发脾气，说："丛林从来没有晚上升座说法的规矩，你胡闹什么？"方会却针锋相对，说："您的老师老汾阳不是有晚参的讲究吗？怎么说从来没有这个规矩呢？"楚圆也拿他没法。后来楚圆对方会连施"毒辣钳锤"，但方会都游刃有余。这一来，方会的名声就大了；后来楚圆他迁，方会就回到了九峰山。后来的情况简述如下：

> 后道俗迎居杨岐，次迁云盖。受请日，拈法衣示众曰："会么？若也不会，今日无端走入水牯牛队里去也。还知么？筠阳九岫，萍实杨岐。"遂升座。时有僧出，师曰："渔翁未掷钓，跃鳞冲浪来。"僧便喝。师曰："不信道。"僧拊掌归众。师曰："消得龙王多少风？"问："师唱谁家曲，宗风嗣阿谁？"师曰："有马骑马，无马步行。"曰："少年长老，足有机筹。"师曰："念汝年老，放汝三十棒。"问："如何是佛？"师曰："三脚驴子弄蹄行。"曰："莫只这便是么？"师曰："湖南长老。"乃曰："更有问话者么？试出来相见。杨岐今日性命在汝诸人手里，一任横拖倒拽。为甚么如此？大丈夫儿，须是当众抉择，莫背地里似水底按葫芦相似。当众引验，莫便面赤……"九峰勤和尚把住云："今日喜得个同参。"师曰："作么生是同参的事？"勤曰："九峰牵犁，杨岐拽把。"师曰："正恁么时，杨岐在前？九峰在前？"勤拟议，师拓开曰："将谓同参，原来不是。"

> （《五灯会元·卷十九》）

九峰勤禅师也是一方高僧，却败在方会手下，于是杨岐方会名声大震，"三脚驴"也就名扬天下，成了杨岐方会禅师的代名词。

当然，杨岐禅师在当时还不能与黄龙禅师并论。黄龙慧南禅师弟子数十人，遍布长江、黄河流域各大都市和名山丛林，并得到了一大批著名士大夫的拥护。而杨岐方会孤处江西，弟子仅数人，场面也没有打开。到其再传弟子湖北五祖山法演禅师时，杨岐禅派的名声和阵容才开始显赫，并足以与黄龙和云门两大家抗衡。

杨岐方会禅师的嫡传弟子白云守端，禅风清丽，格调高迈，可惜天不假寿，仅四十余岁便归西了。五祖法演虽然年纪与白云差不多，但的确是在白云那里"开眼"得法的。五祖法演活了八十余岁（？—1104年），传法估计长达三十年，手下出了圆悟克勤、太平慧勤和龙门清远三大弟子，当时称为"三佛"，所以这三大弟子又称为佛果克勤、佛鉴慧勤和佛眼清远。在这"三佛"，特别是在佛果克勤（1063—1135 年）之时，杨岐禅派就压倒并取代了黄龙和云门两家。南宋以来，除曹洞宗一脉尚存外，中国的禅宗，至今八百年来几乎是杨岐禅派的舞台；汉地的佛教，也几乎全是杨岐禅派的舞台。

佛果克勤是四川彭州人，青年出家，遍参诸方尊宿，"金指为法器"。连黄龙慧南的首座弟子晦堂禅师都称赞他说："他日临济一派属子矣。"他在五祖法演处参学那段公案很有意思，说他早就名声在外，但法演并不"印可"他，他愤然离去，后来寻思不对，又回到法演身边。有一次法演与一位士大夫论禅，说："先生少年时读过那些艳情诗吗？如'频呼小玉原无事，只要檀郎认得声'。"那位先生连声"喏喏"，法演说："在这里要小心仔细啊！"这时克勤问："既然认得声，为什么还不是呢？"法演说："如何是祖师西来意？庭前柏树子。聻！"克勤忽然"有省"。当他退出方丈，看见一只公鸡在栏杆上"鼓翅而鸣"。心想："此岂不是声。"于是"袖香入室，通所得"，并呈偈一首：

> 金鸭香销锦绣帏，笙歌丛里醉扶归。
> 少年一段风流事，只许佳人独自知。

这一下，五祖法演高兴极了，特别发出文告，遍告诸方说："我侍者参得禅了。"这下，佛果克勤的名声就真的扎实了。黄庭坚对法演也极为推重，在为法演的画像上曾题了一首诗，最后两句是："谁言川蘗苦，具相三十二。"三十二相是对释迦牟尼佛"相好庄严"的赞美，五祖法演能得到黄庭坚如此的推崇是当之无愧的。在他的时代，文字禅盛行，云门、黄龙两大家虽盛行一时，但如同春夏之花，经不起秋霜冬雪的。五祖法演的禅风，却如松柏那样根深干壮枝叶茂盛。他最初在白云守端那儿时，看见一些从庐山来的禅僧——他们都是黄龙派的高手。白云对法演说这几位禅僧："皆有悟处，教伊说，亦说得有来由，举因缘问伊亦明得，教伊下语亦下得，只是未在。"法演心想："既悟了，又说得，又明得，为什么还没有对呢？"于是奋力苦参，"因兹出了一身白汗，便明得下截清风。"所以到了法演开法时，他对人要求极严，不是真参实悟，绝不印可。在参禅的方法上，他特别提倡"参公案"，在因循已久的机锋棒喝等方法上注入了新的活力。如"频呼小玉"公案、"无"字公案、"德山不答话"公案、"末后句"公案和"有句无句"公案等。法演禅师的这些手段，如一阵阵清风，驱散了禅宗内多年因循的积习，使人大有清新之感。法演对其得法弟子，从不放过细节而严加锤炼，如著名的"三佛夜话"公案：

> 三佛侍师（法演）于一亭上夜话，及归，灯已灭。师于暗中曰："各人下一转语。"佛鉴曰："彩凤舞丹霄。"佛眼曰："铁蛇横古路。"佛果曰："看脚下。"师曰："灭吾宗者，乃克勤尔。"

> （《五灯会元·卷十九》）

三佛的"转语"，都高远别致，分别体现了各人的特点，而以佛果克勤的最为踏实凝重。"看脚下"，在黑漆漆的人生道路上，脚下若不安稳，眼睛若不明白，其理想、抱负和能力都会无济于事。五祖法演深知禅宗的时弊，也深知在禅林内"竞争"之激烈，要把清纯高明实在的禅法流传千秋，绝非易事。"灭吾宗者，乃克勤尔"，这是对他无上的赞誉。克勤的确不负重托，在克勤的时代，门下出现了"谋士如云，猛士如雨"的浩大局面，如大慧宗杲、虎丘绍隆、灵隐慧远、育王端裕、大沩法泰、华藏安民、华严祖觉等"善知识"百余人。宋室南迁之后，这批禅匠广播海内，并传法日本，使临济——杨岐禅派达到了"一统天下"的鼎盛局面。这一时期，是禅宗从机锋棒喝转变为文字禅、公案禅、话头禅的时期。唐末五代时的禅风，多以当下"接机"为主，禅师们"上堂"的"法语"并不多见。如沩仰、临济、德山、赵州、洞山、雪峰、云门、法眼等大师的"语录"，多如云门的也仅三卷。《古尊宿语录》所收集的诸家语录，最多的是佛眼清远，有九卷之多。而佛果克勤，在《大藏经》中收录的，仅"语录"就达二十卷，还有其著名的《碧岩录》十卷，《心要》——书信录三卷等，著作量和影响之大，在禅宗内是少见的。其弟子大慧宗杲更有"语录"——包括书信三十卷，还有《宗门武库》、《正法眼藏》等著述多卷。

什么是"话头禅"呢？就是要你去"参"一个公案，并专心致志，持之以恒，这样"日久月深，打成一片，忽然心花怒放，悟佛祖之机"。这样的方法，当然比流行已久的机锋棒喝踏实稳当，更适合于一般的人。俗话说："只要功夫深，铁棒磨成针。"这样下功夫，虽有损"顿悟"之嫌，但却避免了机锋棒喝使一些人落入"狂禅"的弊病。对参话头用功的方法，黄龙禅派的晦堂祖心禅师有个极好的比喻：

> 师（晦堂）问善清曰："风幡话，子作么生会？"清曰："迥无入处，乞师方便。"师曰："子见猫儿捕鼠乎？目睛不瞬，四足踞地，诸根顺向，首尾一直，拟无不中。子诚能如是，心无异缘，六根自静，默然而究，万无一失也。"清如教，岁余豁然。
>
> （《五灯会元·卷十七》）

猫捉老鼠真是一心一意守在那儿，眼耳鼻心四肢头尾全都在那个尚不见踪迹的老鼠身上，以这种状态捕鼠，老鼠只要一露踪迹就难以逃遁。以这种精神参禅，那明心见性也就不至于无着。当然，参话头还有具体的一些方法，如大慧宗杲所说：

> 看（话头时）不用博量，不用注解，不用要得分晓，不用向开口处承当，不用向举起处作道理，不用堕在空寂里，不用将心等悟，不用向宗师作略处领略，不用掉在无事匣子里。

你看，好严格细致，能够这样，自然不会走火入魔。大慧宗杲继续说：

但行住坐卧，时时提撕。狗子还有佛性也无？无！提撕得熟，口议心思不得，方寸里七上八下，如咬生铁橛。没滋味时，切莫退志，得如此时，却是个好消息。

（《大慧宗杲禅师语录》）

经过从五祖法演到大慧宗杲等两三代禅宗大师的提倡，话头禅从宋元以来逐渐在丛林的参悟中成了定规，没有参过话头的，是没有资格接受棒喝的，能下转语也无济于事。于是，"狗子还有佛性也无？""念佛的是谁？""牛过窗牖，头身俱过，为什么尾巴过不了？"之类的话头，就大量充塞于丛林之中。文字禅和话头禅的兴起，虽一时有救弊之处，但却也使后期禅宗进入了一个僵化时期。也不能怪罪这几位祖师，因为"道在得人"，后来能别开生面、另辟路径的禅师几乎没有出现。加之宋以来儒家理学大盛，众多优秀的知识分子走上了理学之路，禅门内人才匮乏，同时人类社会意识的存在运行，也并不以禅师们的意志为转移，中国佛教包括禅宗在内，必然要经过由弱到强、由盛而衰的过程——印度佛教早就如此经历了。也许物极必反，穷则变，变则通，通则久。在人类文明大融合的 21 世纪，禅宗——包括它的全部历史过程和精神精髓能够为人类提供一些启示，为人类精神的飞跃做出应有的贡献。

六、曲折多方（下）
——试说曹洞《宝镜三昧》

曹洞宗一系，确立于洞山良价、曹山本寂和云居道膺三位禅师，上源为石头、药山和云岩，下经唐宋明清，至现代亦有其影响。曹洞禅风，虽不及临济宗迅猛刚烈，却也清幽细密，亲切可观，能集诸家之长而自成一体，在日本有着巨大的影响。

临济禅法多方，要在棒喝式的"逼拶"；曹洞禅法亦多方，要在"寻思"一类的"回互"。曹洞宗有《宝镜三昧》一文作为传宗秘籍，历来为禅者所珍重，但今天所知者已为稀少。临济禅在国内，今天仍有一定的规模，师家亦不乏人。而曹洞宗数百年来虽不如沩仰、云门、法眼那样法脉断绝，却也稀疏零落，一脉仅存，若存若亡。所以借此机会，在这里对曹洞的《宝镜三昧》作些粗浅的介绍，也算是笔者对曹洞禅有所偏爱吧。

1988年，贾老（贾题韬老师）在成都文殊院讲《坛经》时，嘱咐与会者留意《宝镜三昧》，并嘱余以"笔参"，借此因缘，对《宝镜三昧》写了一些体会，当时是用古文写成，这里摘要录出，虽文体与本书不类，但重写一次麻烦，以白话来写又太啰唆，只好原样抄出，若能为本书增添特色，便是笔者意外之喜了。先录《宝镜三昧》全文如下：

> 如是之法，佛祖密付。汝今得之，宜善保护。
> 银碗盛雪，明月藏鹭。类之弗齐，混则知处。
> 意不在言，来机亦赴。动成窠臼，差落顾伫。

背触俱非，如大火聚。但形文彩，即属染污。

夜半正明，天晓不露。为物作则，用拔诸苦。

虽非有为，不是无语。如临宝镜，形影相睹。

汝不是渠，渠正是汝。如世婴儿，五相完具。

不去不来，不起不住。婆婆和和，有句无句。

终不得物，语未正故。重离六爻，偏正回互。

叠而为三，变尽成五。如荎草味，如金刚杵。

正中妙挟，敲唱双举。通宗通涂，挟带挟路。

错然则吉，不可犯忤。天真而妙，不属迷悟。

因缘时节，寂然昭著。细入无间，大绝方所。

毫忽之差，不应律吕。今有顿渐，缘立宗趣。

宗趣分矣，即是规矩。宗通趣极，真常流注。

外寂中摇，系驹伏鼠。先圣悲之，为法檀度。

随其颠倒，以缁为素。颠倒想灭，肯心自许。

要合古辙，请观前古。佛道垂成，十劫观树。

如虎之缺，如马之馵。以有下劣，宝几珍御。

以有惊异，狸奴白牯。羿以巧力，射中百步。

箭锋相直，巧力何预。木人方歌，石女起舞。

非情识到，宁容思虑。臣奉于君，子顺于父。

不顺非孝，不奉非辅。潜行密用，如愚若鲁。

但能相续，名主中主。

（《五灯会元·卷十三》）

洞山禅师所传之《宝镜三昧》，三百七十四字而已，其言简意赅，修行双备，历来为禅家所珍重，更为曹洞之祖典。今时逾千载，文献湮没，与闻者鲜矣，是应贾老之嘱，随兴而就。今分全文为十五段，随段简说。

（一）全提

如是之法，佛祖密付。汝今得之，宜善保护。

"如是"者，开宗明义，直指人心。菩提般若，如是而已矣。如是，如是，非泛语，非闲语；非有指，非无指。读经习论者，翻公案、参话头者，往往将此语一带而过，滑向他方，东寻西觅，费了多少功夫。不知佛祖之根本，菩提之自性，即一念之如是而已。人人具足，个个现成，了不少欠。此虽为老生常谈，平常注解，正因其平常，所以为道，正因其平常，所以为法。此法若直截庄严示人，人皆大笑而不信也。何耶？皆因世人不识自家珍宝，颠倒迷惑不自知也。故视佛法若密，视菩提若密。故佛祖不得已而密相传授，不可直接说破，密说密付以尊崇其事，以警省世人。此大事也，不可令学人等闲视之也，故亦须隆重其事，郑重其事。道在得人，而人实难得，能受持此法者鲜矣，故此法虽属平常，亦须密说密付之。

初学之人，习气未尽，道心未固，故须时时"护念"以固持之。勿使动摇，勿使退转，勿为习气及颠倒见所侵蚀。须知护持即"如是之法"。菩提般若，平常心也，人人具足，然何以未能解脱？不知护其正念也。诸佛无密，唯有正觉。正觉不失，则须加护持。护持则为觉，失护持则念乖，乖则迷矣。《金刚经》云："如来善护念诸菩萨。"早直指关楗矣。六祖云："前念迷即凡夫，后念悟即佛"，是为指月之说，岂虚语哉！故知护念乃见道之机诀，菩提之根本也。洞山郑重拈出，开宗明义，切不可等闲视之。

此全提时节，且平常之说也，洞山和盘托出，实证实悟之事，心心相照之际也。苟能见此，又何须下文之衍出。然自觉觉他，菩萨之事也，非五位、偏正、敲唱等回互之，焉能发动初机，遍使回向哉！兹举两则公案，明此之两层意趣：

> 时张无尽（即宋代张商英，曾一度为相）寓荆南，以道学自居，少见推许。师（圆悟克勤禅师）叙舟谒之，剧谈《华严》旨要。曰："华严现量境界，理事全真，初无假法。所以即一而万，了万为一；一复一，万复万，浩然莫穷。心佛众生，一二无差别。卷舒自在，无碍圆融。此虽极则，终是无风币币之波。"公不觉促榻。师遂问曰："到此与祖师西来意，为同为别？"公曰："同矣。"

师曰："且得没交涉。"公色为之愠。师曰："不见云门道，山河大地无纤毫过患，犹是转句；直得不见一色，始是半提；更须知有向上全提时节。彼德山、临济，岂非全提乎！"公乃首肯。

（《五灯会元·卷十九》）

如是、全提、万、一之说，《宝镜三昧》发挥甚多，洞山皆有拈提，且看第二层意趣：

时有僧问："顿悟之人更有修否？"师（沩山）曰："若真悟得本，他自知时，修与不修是两头语。如今初心虽从缘得，一念顿悟自理，犹有无始旷劫习气未能顿净，须教渠净除现业流识，即是修也。不可别有法，教渠修行趣向。从闻入理，闻理深妙，心自圆明，不居惑地。纵有百千妙义，抑扬当时，此乃得坐披衣，自解作活计始得。以要言之，则实际理地，不受一尘，万行门中，不舍一法。若也单刀直入，则凡圣情尽，体露真常，理事不二，即如如佛。"

（《五灯会元·卷九》）

沩山、圆悟之言，可谓透骨透髓，于体于用，皆为的旨。

（二）契境

银碗盛雪，明月藏鹭。类之弗齐，混则知处。

此陷人之机，亦度人之舟，多少人于此错下言头。余亦将错就错，以错改错，不求定解。"银碗盛雪"，何须人去解！"明月藏鹭"，何劳人去寻！此处境趣本来明白，会心之言也，直截之觉知也，无丝毫分别思量之痕迹。不能有所加，不能有所减。一涉增减，蠢愚之念动矣，非"如是"矣。若寻知解，则葛藤蔓衍，难以收拾。为碗者多矣，金银铜铁、木石陶瓷皆可为碗。碗，盛物也，冰雪雨露，荤素食肴无不可盛。银固贵重之物，雪乃水之一态，冰霜雨雪，江河湖海，皆水而已。能盛之用，不限金木；有水之体，不论霜雪；有佛之性，岂论万殊。

月者，夜之明也。夜时暗昧，则不能睹物；月出而明，物乃可睹。世人昏暗，未能有明。若能激发己明，心生日月，岂论昼夜。鹭，水鸟也，昼出夜伏。月色虽明，鹭亦藏伏不知，非唯鹭不知，万类亦藏伏不知也。日月恒照而自明，万类待明而起伏，则有制于明晦矣。

反之，佛性不属知，不属不知；不为明，不为暗。若能反观自照，息其心缘，见其自性，银碗与雪，明月与鹭，无非自性所现。不特此也，万类皆自性所现，耳目所触，无非菩提，随处而真，得大自在。若未能会得此中意，刻心求解，则宇宙万物，重重无尽，各各差别，万劫亦不尽，徒增疑耳。然万物混然一体，互赅互融，法界缘起，摄归本心，即"知处"矣。然心亦为空，则万类森然而各有错落，且自住本位。是分亦"有处"，合亦"有处"，无处而处，处而无处。此所以"类之弗齐，混则知处"也，此所以履道一如也。当事者曾见此否？

巴陵禅师曾于云门处有"三转语"以酬师恩，深得云门禅师之可。其转语云："如何是道？明眼人落井。如何是吹毛剑？珊瑚枝枝撑著月。如何是提婆宗？银碗里盛雪。"此中意趣是同是别，尽可参之。再举公案：

> 雪峰曰："世界阔一尺，古镜阔一尺。世界阔一丈，古镜阔一丈。"玄沙指火炉曰："阔多少？"雪峰曰："如古镜阔。"
>
> （《五灯会元·卷七》）

此即心物同格，能所不二。所以"银碗盛雪"、"明月藏鹭"亦为此"古镜"（自性）所造，安得妄加分别哉！或有以密法视之，以丹炉修之者，乃其自涉因缘，歧路而行，与《宝镜三昧》何关？再看下则公案：

> 僧请益"柏树子"话……师（叶县省禅师）曰："汝还闻檐头水滴声么？"其僧豁然，不觉失声云："耶。"师曰："你见个甚么道理？"僧便以颂对曰："檐头水滴，分明历历。打破乾坤，当下心息。"师乃忻然。
>
> （《五灯会元·卷十一》）

"银碗盛雪，明月藏鹭"是眼边事，此公案"檐头水滴"是耳边事，还有因鼻而明的：

> 公（黄庭坚）往依晦堂（禅师），乞示径捷处。堂曰："只如仲尼道：二三子以我为隐乎？吾无隐乎尔者。太史居常，如何理论？"公拟对，堂曰："不是，不是。"公迷闷不已。一日侍堂山行次，时岩桂盛放，堂曰："闻木樨花香么？"坚曰："闻。"堂曰："吾无隐乎尔。"公释然。
>
> 　　　　　　　　　　　　　　　（《五灯会元·卷十七》）

还有因"触"而明的，不再举。然"类之弗齐，混则知处"，于此明矣。

（三）体则

> 意不在言，来机亦赴。动成窠臼，差落顾伫。背触皆非，如大火聚。但形文彩，即属染污。

此段点明体则，独彰佛心，义解学人，当为警省。言者，意之动也，无意则无言；文者，言之车也，无文则言之不远。意者言之体，言者意之表，文者意之用。得意亡言，古有明训。言有所指，闻言乃可明指。然此乃二话，非一谛也。如何是佛？干屎橛。如何是佛？麻三斤。若以二谛以求其实，无异刻舟以求剑。然此意何以明之？曰：必绝意而后明，意绝则言语道断，龙象生矣。此洞山本禅宗家法，和盘托出，杀人刀也。虽然，意者活泼泼也，言语文辞皆其所生，不能生则其意死矣，非菩提也。心意既明，自然生生不息，周遍十方，无不照也。

"来机亦赴"，机有内外，有我他；明性之人，自不滞于机，机来则应。可顺可逆，可纵可夺，可杀可活，随方就圆，随病施药，变化无穷而莫不应机。当知接人之方便，首当善识来机，方能善为接引。不然则瞎人之慧眼，夺人之慧命。能"啐啄同时"，方称大德。

机者，莫测也，因人而异，变化无穷，唯不守不著者能之。马祖云："我这里一物也无。"是以布无形之阵，出无相之势，且又非有意、非无意而为之也。乃能不守而守，不持而持，如此方能赴机而各各方便。当知一机之权，不能更应他机。何耶？此机一发，则成窠臼也。所以马祖先"即心即佛"，又"非心非佛"。再"不是心，不是佛，不是物"。或"扬眉瞬目是"，或"扬眉瞬目不是"，皆对机而发也。当知机机相异，万殊而别，各有来路，各住本位，互不相涉。若不达变通，偏枯窒塞，则陷八阵图中不能自拔，枉自踌躇顾仁，望洋而兴叹矣。如良医施药，病万变，方药亦万变，能变之机在乎医者。若不识医道，徒对种种方、种种药而不知其由来，亦不知其用处，斯人若以成方成药疗人，实杀人也。

大火者，太阳也，喻般若之自性也。般若如聚大日之火，近之则烧，故不可触；般若如焕大日之明，远之则晦，故不可背。是触之不可，背之不可，背触皆非。世人之于大道亦复如是，人之于大道中，如鱼之于水而不自知，岂须臾离也。而人不自知，以种种妄想，种种贪著，分别卜度，而欲求之。是背道而行，自束自缚也，遑论解脱。此处最难下语，如古德云："描也描不成，画也画不就。"既不可即，文安能载？既未曾离，虽文之何益？画蛇添足，徒多事耳。且道不属文，不属知，若以文彩思度，强而绘之，实害道也。故洞山云："但形文彩，即属染污。"

或曰：三藏十二部，亦佛祖之所文也，亦属染污事？当知佛及诸圣，广说万法，本乎无法，要在活人心智，归于菩提。且佛法要在自会，自会即是菩提；自不会，于己亦死语也。故六祖云："诸佛妙理，非关文字。"《金刚经》云："如来所说法，皆不可取，不可说，非法非非法。"故有诵经万遍未能见道者，何以故？皆离心外求，著于经言而不知返照也。当知佛语祖语与汝有何交涉？汝自家身在何处？兹举公案明之：

> 金华俱胝和尚，初住庵时，有尼名实际来，戴笠执锡，绕师三匝，曰："道得即下笠子。"如是三问，师皆无对，尼便去。……天龙和尚到庵，师乃迎礼，具陈前事，龙竖一指以示之，师当下大

悟。自此凡有学者参问，师唯举一指，无别提唱。有一供过童子，每见人问事，亦竖指祇对。人谓师曰："和尚，童子亦会佛法，凡有问皆如和尚竖指。"师一日潜袖刀子，问童子曰："闻你会佛法，是否？"童子曰："是。"师曰："如何是佛？"童竖起指头，师以刀断其指，童子叫唤走出。师召童子，童回首。师曰："如何是佛？"童子举手不见指头，豁然大悟。

（《五灯会元·卷四》）

此公案既有"意不在言，来机亦赴"之情，亦有"动成窠臼，差落顾伫"之境。学人可自细参。再看：

> 门人道悟问曰："曹溪意旨谁人得？"师（石头）曰："会佛法人得。"曰："师还得否？"师曰："不得"。曰："为甚么不得？"师曰："我不会佛法。"

（《五灯会元·卷五》）

曹溪意旨即六祖之法，亦即如大火聚之活般若。石头和尚从六祖处过来，无怪乎"石头路滑"，端的是"背触皆非"。常人非触即背，皆歧于两头。而佛法乃不二之法，学佛者于此自当留心。再如赵州"至道无难"公案，语句清远，寓无限生机，实该段之最佳注脚。能透于此者，于禅岂远乎哉！

（四）潜用

> 夜半正明，天晓不露。为物作则，用拔诸苦。虽非有为，不是无语。

般若之性，不属明，不属暗；不属隐，不属显。"夜半正明"者，不因夜昧而隐者也；"天晓不露"者，不待晓明而显者也。浑然自在，不化而化，化而不化，一派圆成。若以为夜暗而隐，天晓而露，更欲求之，是头上安头，骑驴觅驴，日中燃烛也。其须臾未离尔躬，起居饮食，劳作游逸，善恶是非，动静出入，无不在焉。其性不君不臣，不即不离，而为物作则。则者，总则也，缘起性空之自性也。唯其性空，方得以缘起；唯其缘起，故尔性空。以此之故，万类莫不因其缘起而各正性命，亦因其性空方可得之解脱。以此观之，苦不自苦，因缘而起，苦亦是空。推而衍之，因其非苦非乐，不来不去，卓然于万化之间，虽万劫亦不离异。人若能返观自照，契而悟之，则世间诸苦烟消云散而霁日出焉。世人皆南面望北斗，故见万象飘移，茫无归处。不知北斗中天，恒常不动。处北极而观天宇，天宇何动之有；处涅槃观生死，何生死之有；以菩提观烦恼，何烦恼之有。人若能见自性，当下豁然，无限风光，自然现前，何等自在。苦乐一如也，何苦乐之有哉！

又般若之性，寂照不二。寂者，似不动也、无为也。然随缘即动，感而遂通，触机而发，性之妙用当然，无须强加卜度分别，直心而往可也。若以寂灭为究竟，机现而不识，动而不应，木石也，断灭见也，非道也。其已入僵灭死水之中，安能窥大道之奥。

上段之"意不在言，来机亦赴"，与此段之"虽非有为，不是无语"，虽同一义而宾主有别。前者为己说，后者为人说；前者为自性之豁然，后者为验人之尺度；前者如春日之暖，后者有棒喝之威；若无前番之滋味，焉知后者之舌头。

前面曾举"如镜铸像"公案，怀让禅师云："虽不鉴照，瞒他一点不得。"点明万类各具自性自相，非分别卜度而可妄加隐显增减变易；而人自具真心自性，亦非分别卜度而可妄加隐显增减变易。古德云："不须求真，但须息妄。"如此，则可见"夜半正明，天晓不露"之自性矣。

石头谓药山云："言语动用没交涉。"药山云："非言语动用亦无交涉。"有僧问投子（大同禅师）："大藏教里还有奇特事也无？"投子曰："演出大藏教。""虽非有为，不是无语"，禅宗特贵见地，故道可道，非常道；道不可道，亦非常道。心性不活，灵性自昧，虽有功行，其于大道亦无多补。禅宗"转语"之说，即在于此矣。前面所引"云居送裤"和"问杀首座"之公案，即为此之注脚。

法魂禅髓，多寓公案中，岂可忽之！

（五）透机

> 如临宝镜，形影相睹。汝不是渠，渠正是汝。

万物皆因缘而生，且自足形色，与镜何涉？镜者，能显物之像也。像因镜生？因物生？抑或自生？形影相即，我为彼耶？彼为我耶？俱是？俱不是？

洞山曾过水睹影，因而彻悟，当时曾有偈曰：

> 切忌从他觅，迢迢与我殊。
>
> 我今独自往，处处得逢渠。
>
> 渠今正是我，我今不是渠。
>
> 应须恁么会，方得契如如。

觅，觅个什么？觅道，觅解脱，觅菩提。然何处可觅？洞山云："切忌从他觅。"切不可于己之外别加寻觅。非但不可于外界尘劳中寻觅，于己六根六识中亦不可寻觅。何耶？菩提般若之性，人自有之非用觅也。然人不自知，不自识，总以为大道在外，于是千山万水，千秋万载，觅个不休。不知宇宙万物，超恒河沙数，无量差别，无量义趣，终古莫穷，且随觅益增。得彼失此，脚跟一动则境界万殊，自然永无结果，且迢迢复迢迢，杳杳复杳杳矣。万物眩目，反失其心性，缚其手足，一点真灵，全被外境摄去，亦为己之妄想摄去。而此种种境，实皆自心所造，己识所变。须知三界唯心，万法唯识，是真亦唯心，幻亦唯心，自己何尝移动半步，而劳苦不得休息哉！若能将此境一转，就地翻个筋斗，本来面目现矣。此洞山总结求道之教训，敦敦道出。非唯洞山，多少祖师亦于此处翻过筋斗。故洞山拈出以警示人："切忌从他觅。"

"我今独自往"者，放下一切，将眼前种种风光，现在、过去、未来、道、不道等种种妄想一齐放下。非但不著于外，眼耳鼻舌身意亦为之不著。恰如《金刚经》云"应无所住而生其心"，方能还我一个清清白白、干干净净、独往独来的我。如古德云"恰处净裸裸处",不受制于外,亦不受制于内,就可以"处处得逢渠"——处处见道,无处无非道矣。此何等亲切,何等熟识,何尝有远近内外我他之别。虽然如此,还有一层:"渠今正是我,我今不是渠。"功夫至此,万不可著,我若是他,则成窠臼,即属染污;若不是他,则为无源之水,无根之木。是,则为触,为滞;不是,则为背,为离,均死语耳,未曾活得,当善体会。船之行水,船来水分,船去水合;如临宝镜,形即影显,形去影冥,镜岂滞于形影哉!因其性空,故不即不离,方能妙现万物而不有,常自清虚而不无。非渠非我,即渠即我,能所双泯,自性一如,道与不道全都放下,方可契此如如也。

洞山先于云岩禅师处有省,及其辞师犹带疑情,当涉水睹影而大悟,方作此偈。《宝镜三昧》为云岩传洞山,洞山或有损益不得而知。或因其于《宝镜三昧》勤参不舍,涉水契缘而悟,亦不得而知。然其相契如此,可知此《宝镜三昧》绝非泛泛之文,学者当深究,苦参其奥,以引发己机,方不负洞山也。

古德以镜喻心者多矣,神秀、六祖之偈皆借镜而发。宝镜者,喻佛之大圆镜智也。此三昧以宝镜名之,此宝镜以三昧宾之,互发其体用也。且"宝镜三昧"为通篇之枢要,亦为修行之因果。三百七十四字之文,令人证此宝镜三昧也。然何以证之?此吾原不缺也。因亦是他,果亦是他,要在学人善自调服,无负佛祖之密付也。

前面已引"虽不鉴照,然瞒他不得"与"洞山睹水"公案,以证该段意趣。再看:

> 僧问:"两镜相照时如何?"师(夹山)曰:"蚌呈无价宝,龙吐腹中珠。"
>
> (《五灯会元·卷五》)

此公案深翻一层,正偏皆摄。

虎丘绍隆禅师,次谒圆悟(克勤)。悟问曰:"见见之时,见非是见，见犹离见，见不能及。"举拳曰："还见么？"师曰："见！"悟曰："头上安头。"师闻，脱然契证。悟叱曰："见个甚么？"师曰："竹密不妨流水过。"悟肯之。

（《五灯会元·卷十九》）

此镜照了，面目何在。再看：

师（雪峰）行次，路逢猕猴。师曰："这畜牲一人背一面古镜，摘山僧稻禾。"僧曰："旷劫无明，为甚么彰为古镜？"师曰："瑕生也。"曰："有什么死急，话端也不识。"师曰："老僧罪过。"

（《景德传灯灵·卷十六》）

此公案意趣又为之一变，且锋刃相加，使人目眩。要而言之，亦为"汝不是渠，渠正是汝"。修持照了之时，于此切须留心，否则恐错认时节。

（六）如法

如世婴儿，五相完具。不去不来，不起不住。婆婆和和，有句无句。终不得物，语未正故。

菩提般若之性，人皆有之，惜其未能自悟也。故佛祖以种种方便，权说、实说而导其悟入。一经悟入，便为佛子。《涅槃经》云："何名婴儿行？善男子，不能起住、去来、语言，是名婴儿。如来亦尔。不能起者，如来终不起诸法相；不能住者，如来不著一切诸法；不能来者，如来身行无有动摇；不能去者，如来已到大般涅槃；不能语者，如来虽为一切众生演说诸法，实无所说。何以故？有所说者，名为有法。如来世尊非是有为，是故无说。又无语者，犹如婴儿，言语未了，即是秘密。诸佛之言，虽有所说，众生不解，故名无语。又婴儿者，名物不一，未知正语，非不因此而得识物。如来亦尔。一切众生，方类各异，所言不同。如来方便，随而说之，亦令一切因得解释。"

见性之人，亦复如是。人法两忘，心机泯灭。正恁么时，佛语，祖语，世间诸圣贤语，善恶是非语，一切一切语，全都放下，与此全无交涉。什么本来面目，向上全提，全都烟消云散，彻底脱落。虽说不来不去，不来不去亦不是；虽说不起不住，不起不住亦不是。未悟学人，多在学理上参究，口辩上用功，非现证离一切相之菩提，何尝稍品空王之法味。只有将分别思维彻底脱去，正当此时，方可更道一句。

"宝镜三昧"乃离一切分别思维之现证境界，故不来不去，不起不住；亦来来去去，起起住住；方能腾腾任运，任运腾腾。如此，方能婆婆和和，一体万物。如此，方能不论有句无句。"有句无句"者，即前之"意不在言，来机亦赴"，"虽非有为，不是无语"之纯熟境界也。"婆婆和和"，乃能即一切事而离一切事；"有句无句"乃能即一切理而离一切理。理事泯契无二，能所浑然非一。一大圆藏，恒寂常照。正当此时，尚有何求，尚有何得哉！《心经》云："无智亦无得，以无所得故。"万法本空，实无一法可得，若以语言文辞求之，则其谬矣。故洞山云："终不得法，语未正故。"语必有所出，出必了境。我语之时，语是我耶？非我耶？汝闻之时，语是汝耶？非汝耶？其间曲折，实非语言之可以明而唯问其心。且历代祖师多有垂示，若以语言文字范围大道，无异扪空击响，落二落三矣。请看祖师提持：

> 麻谷问："十二面观音，那个是正面？"师（临济）下禅床，擒住曰："十二面观音甚处去也？速道！速道！"
>
> （《五灯会元·卷十一》）

> 道吾问："大悲千手眼，那个是正眼？"师（云岩）曰："如人夜间背手摸枕子。"吾曰："我会也。"师曰："作么生会？"吾曰："遍身是手眼。"师曰："道也太煞道，只道得八成。"吾曰："师兄作么生？"师曰："通身是手眼。"
>
> （《五灯会元·卷五》）

此两则公案，一紧一松，要在拶出"真相"，使人"返老还童"。婴儿姹女，人人本具，动静出入，无不与焉。只因业识茫茫，了无归处。猛烈如临济，真刀真火，为人不惜性命，再看：

> 临济上堂，云："赤肉团上，有一无位真人，常从汝等诸人面门前出入，未证据者，看！看！"时有僧出问："如何是无位真人？"师下禅床，把住云："道！道！"其僧拟议，师托开云："无位真人，是什么干屎橛。"

（《古尊宿语录·卷四》）

这个"不来不去，不起不住"的，有人识么？再看：

> 师（大慧宗杲）至天宁，一日闻悟（圆悟克勤）开堂，举："僧问云门：'如何是诸佛出身处？'云门曰：'东山水上行。'若是天宁则不然。忽有人问：'如何是诸佛出身处？'只向他道：'薰风自南来，殿阁生微凉。'"师于言下，忽然前后际断，虽动相不生，却坐在净裸裸处。悟谓曰："也不易，你得到这步田地。可惜死了不能得活，不疑言句，是为大病。不见道：'悬崖撒手，自肯承当；绝后再苏，欺君不得。'须信有这个道理。"遂令居择木堂，为不厘务侍者，日同士大夫入室。悟每举"有句无句，如藤倚树"问之，师才开口，悟便曰："不是，不是。"经半载，遂问悟曰："闻和尚当时在五祖曾问这话，不知五祖道甚么？"悟笑而不答。师曰："和尚当时须对众问，如今说亦何妨。"悟不得已，谓曰："我问有句无句，如藤倚树，意旨如何？五祖曰：'描也描不成，画也画不就。'又问：'树倒藤枯时如何？'五祖曰：'相随来也。'"师当下释然，曰："我会也。"悟遂举数因缘诘之，师酬对无滞。悟曰："始知吾不汝欺。"

此公案曲折往还，两大宗匠一啐一啄，而"有句无句"亦因之得彰。数举公案，俾令灯灯相照，镜镜互融。若会得意，则皆成废纸，何用啰唆。

（七）回互

> 重离六爻，偏正回互。叠而为三，变尽成五。如荃草味，如金
> 刚杵。

此洞山借周易离卦之象，而立偏正五位之说也。先将离卦之六爻分
为三叠，即"叠而为三"也。初爻、二爻为一叠，是谓初叠。曹洞宗
贵乎"回互"，初叠阳阴回互，以象"正中偏"，是为一变。二三两爻
阴阳回互，以象"偏中正"，是为二变。三四两阳爻为中叠，虽两爻纯
阳无阴，然四爻阳居阴位，亦回互也，名"正中来"，是为三变。四爻
五爻阳阴回互，且四爻阳居阴位，五爻阴居阳位，各又自成回互，故名
"兼中至"，是为四变。五六阴阳两爻为一叠，是为上叠。上叠亦阴阳
回互，且阳居阳位，阴居阴位，故名"兼中到"。是为五变。如下图：

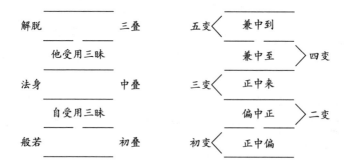

此二图本清代僧行策所著《宝镜三昧本义》。千载以来，言《宝镜
三昧》者仅三四家而已。而论"三叠五变"者则代有其人，余以为唯
行策所说为确，细考他人之说，则难通矣。

"偏正五位"之说与《宝镜三昧》同为曹洞之根本，且"偏正五
位"亦由《宝镜三昧》所衍出，此图明矣。于此当简说其要。洞山自
有《君臣五位颂》：

> 正中偏，三更初夜月明前。
> 莫怪相逢不相识，隐隐犹怀旧日嫌。

偏中正，失晓老婆逢古镜。

分明觌面别无真，休更迷头犹认影。

正中来，无中有路隔尘埃。

但能不触当今讳，也胜前朝断舌才。

兼中至，两刃交锋不须避。

好手犹如火里莲，宛然自有冲天志。

兼中到，不落有无谁敢和。

人人尽欲出常流，折合还归炭里坐。

　　五位乃曹洞宗人自养之五层境界，亦为勘验学人之五种尺度。前三位为"自受用三昧"，即见性时所现的三种层次，或此或彼，用以自照。后两位乃"他受用三昧"，乃入世度人之境界，自觉觉他。何以然？因其能多一层回互也。三则由渐入顿，五则由顿入渐，要在行者当体自用之际。

　　曹洞虽分五位，实则一位，乃至一位也无。若于五位妄生分别，私智卜度，则南辕北辙，永不到家。须知"物从因缘，故不有；缘起，故不无"之理，故正也、中也、偏也，皆对境之言，均非的旨。以故，正亦寓其中矣，偏亦寓其中矣，中亦寓其中矣。曹洞五位尽皆回互，无一偏纯之位。学者于此定须留心，今说五位者，归摄一位；才涉一位者，五位全赅。非此不能尽五位回互之妙用。如下文云"如荃草味，如金刚杵"，荃草者，五味子也，一籽而五味具足。金刚杵者，首尾俱阔而中狭，首尾俱虚而中实，恰似重离之卦。知味者，乃知自养养人；金刚杵，则可杀人活人，其间妙用无穷。

　　"君臣五位"于曹山时又衍有"王子五位"、"功勋五位"，涉题虽广，但亦会宗于此。

　　回互者，照应也。有阴有阳，有柔有刚，有君有臣，有主有宾，有凡有圣，有心有境，有体有用，尽皆涵融交互，变动不居，不即不离，不二之义也。然回互乃实地功夫，非口辩玄学之资。此日用之火候，若是义理会之，则圣凡有别。回互之道大矣，苟非其人，孰能践履之。

　　回互之说，首出石头之《参同契》，其间经药山、云岩、洞山数代相传，更化为缜密如是之《宝镜三昧》，其为法也固大矣，兹举公案说明：

> 吉祥元实禅师，高邮人。自到天衣（聪禅师），蚤夜精进，胁不至席。一日，偶失笑喧众，衣摈之。中夜宿田里，睹星月粲然，有省。晓归趋方丈，衣见乃问："洞山五位君臣，如何话会？"师曰："我这里一位也无。"衣令参堂，谓侍僧曰："这汉却有个见处，奈不识宗旨何？"入室次，衣预令行者五人，分序而立，师至俱召，实上座。师于是密契奥旨，述偈曰："一位才彰五位分，君臣叶处紫云屯。夜明帘卷无私照，金殿重重显至尊。"
>
> （《五灯会元·卷十四》）

此公案生动活泼，于君臣五位铺叙有致。其间天衣与元实孰君孰臣？五位一位又在何处？此唯明者乃识。再看：

> 僧问："指即不问，如何是月？"师（法眼）曰："阿那个是汝不问的指？"又僧问："月即不问，如何是指？"师曰："月。"僧曰："学人问指，和尚为什么对月？"师曰："为汝问指。"
>
> （《五灯会元·卷十》）

此即运用"回互"之一例也，六祖《坛经》之三十六对皆回互也，然不得以义学之分别视之，因其乃心行之概说也。心能行乎此，则处处皆可回互，处处均为照应，乃能腾腾任运，一体万物也。回互之例多矣，沩仰、云门、法眼诸宗，亦多用回互，前后所引用之公案，亦多有回互于机用之间，望读者审之。

（八）知权

> 正中妙挟，敲唱双举。通宗通涂，挟带挟路。错然则吉，不可犯忤。

此段续言回互，且详而实之也。菩提般若之性，正也、中也，然又非中非正，妙而挟焉。世人皆从中正视道，不知道虽非偏邪，亦非中正。端居中正者，亦为偏也，未能见道。何耶？一有落处，即非菩提，故须妙而挟之。

敲者，击节也；唱者，和节而歌也。敲之以待唱，唱之而节明，敲唱和合，律吕协矣。接人之机有独有众，临机之人有深有浅，故可敲唱以赴之。敲者，惊天动地，旋乾转坤，将万劫迷雾，一扫而尽；唱则广大悉备，春风和雨，万类皆被。唯此双举，堪与佛祖携手而行矣。敲唱与临济"一喝中具三玄三要"有同工异曲之妙，一为自家作规范，二为勘验学人之机诀。曹洞后世于"银碗盛雪，明月藏鹭"用功深矣，而于"敲唱"，反拱手让于临济门下，使其独擅其美，是可惜也。

能"敲唱双举"，则能"通宗通涂"；宗通涂通，无不赅备。圆满菩提必也通宗，圆满功德必也通涂。如此，方能六度备而万行修。古之大德，视世间为一圆满解脱法门。六祖云："佛法在世间，不离世间觉。"涂之不通者，焉能通宗。划地自守者，遁居山林者，不问世事者，自救未了，岂能度人。此菩萨行也，故洞山申之再三，必明暗、挟带、回互、敲唱等处处兼带双举，方能挟路而行，以趋完满。一类学人，习禅止于口舌，再勇猛者，毕于心志，均未到家。必挟带挟路，身语意一体，修与行无别，我与他相合，错之然之则吉也。所谓悟后境界，修与不修，于此皆为多语。下此语者，自身更在何处？此处不是是非之地，故洞山戒之云："不可犯忤。"

综而要之，以上诸说皆回互也，自性豁然，自然流露之权用也。若往而不返者，是知其不能也。兹举两则公案，以明妙挟、敲唱、挟带、错然等回互之功用权施。

> 石头（希迁）参礼，师（青原）曰："子何方来？"迁曰："曹溪。"师曰："将得甚么来？"曰："未到曹溪亦不失。"师曰："若恁么，用去曹溪作甚么？"曰："若不到曹溪，争知不失。"迁又曰："曹溪大师还识和尚否？"师曰："汝今识吾否？"曰："识，又争能识得。"师曰："众角虽多，一麟足矣。"迁又问："和尚自离曹溪，甚么时至此？"师曰："我却知汝早晚离曹溪。"曰："希迁不从曹溪

来。"师曰："我亦知汝去处也。"曰："和尚幸是大人，莫造次。"他日，师复问迁："汝甚么处来?"曰："曹溪。"师乃举拂子，曰："曹溪还有这个么?"曰："非但曹溪，西天亦无。"师曰："子莫曾到西天么?"曰："若到即有也。"师曰："未在，更道。"曰："和尚也须道取一半，莫全靠学人。"师曰："不辞向汝道，恐已后无人承当。"

(《五灯会元·卷五》)

曹洞回互之纲宗，其渊源亦久矣。青原、石头二祖于此公案中，硬鞭软剑，缠绵坚实，与马祖——临济一脉雄健激扬之禅风，自有别矣。此公案层层回互，曲尽挟带、错然之妙，旁敲侧击，以袭中军，固大手笔也。再看：

大颠禅师初参石头，头问："哪个是汝心?"师曰："见言语者是。"头便喝出。经旬日，师却问："前者既不是，除此外何者是心?"头曰："除却扬眉瞬目，将心来。"师曰："无心可将来。"头曰："元来有心，何言无心? 无心皆同谤。"师于言下大悟。异日侍立次，头问："汝是参禅僧? 是州县白蹋僧?"师曰："是参禅僧。"头曰："何者是禅?"师曰："扬眉瞬目。"头曰："除却扬眉瞬目外，将你本来面目呈看。"师曰："请和尚除却扬眉瞬目外鉴。"头曰："我除竟。"师曰："将呈了也。"头曰："汝既将呈，我心如何?"师曰："不异和尚。"头曰："不关汝事。"师曰："本无物。"头曰："汝亦无物。"师曰："既无物，即真物。"头曰："真物不可得，汝心见量，意旨如此，大须护持。"

(《五灯会元·卷五》)

大颠禅师后来启蒙韩愈，使之得用，实唐代禅宗一巨匠也。与石头问答往返，亦皆是明暗、挟带、回互之发明。再如前引洞山"云岩师真"公案，更使人"瞻之在前，忽焉在后"，若于此处得力，放明眼光，此之体用亦不虚设也。

（九）入微

> 天真而妙，不属迷悟。因缘时节，寂然昭著。细入无间，大绝
> 方所。毫忽之差，不应律吕。

知权则当明变，明变必先入微，入微而后得体，得体则妙用生矣。
般若之性，如是而已，何劳修持，何须文饰。本天之真，纯性之朴。若
有丝毫附会，即属污染而失其真矣。唯真而能妙，唯直乃能曲，否则伪
也，离道远矣。此真妙之性，不为迷，不为悟；不因迷而有减，不因悟
而有加；不因迷而有染，不因悟而得净。独行独来，即事而真；随缘而
明，遇机而显。因缘时节，错落而致；一一应酬，一一照了。何耶？因
其直往，见了就做，做时亦不著于事理，已入理无碍、事无碍矣。故寂
然，故昭著。不舍一物，不著一物，寂然空寥而万化顺应。是顺亦顺，
逆亦顺，无细不入，无大不周，而入文殊普贤之境界，缘华藏世界而卷
舒自在。若有毫忽之差，则宫商乱矣。此无相之圆融也，学人自当省
鉴，于己如是，于人亦如是。若有丝毫未安稳在，定须善自调伏。不尔
功亏一篑，是为憾矣。古德云："一翳在目，空花乱坠。"又云："毫厘
系念，三涂业因；瞥尔情生，万劫羁锁。"当张商英初悟入，兜率悦曰：
"参禅只为命根不断，依语生解。如是之说，公已深悟，然至细微处，
使人不知不觉，堕在区宇。"今人之习禅更应以此为戒，乾乾而惕欤！
且看一代大师雪峰的历程：

> 雪峰初与岩头至澧州鳌山镇，阻雪，头每日只是打睡，师一向
> 坐禅。一日唤曰："师兄，师兄，且起来。"头曰："作甚么？"师
> 曰："今生不著便，共文邃个汉行脚，到处被他带累。今日至此，
> 又只管打睡。"头喝曰："噇！眠去。每日床上坐，恰似七村里土
> 地，他时后日魔魅人家男女去在。"师自点胸曰："我这里未稳在，
> 不敢自谩。"头曰："我将谓你他日向孤峰顶上盘结草庵，播扬大
> 教，犹作这个语话？"师曰："我实未安稳在。"头曰："你若实如
> 此，据你见处一一道来。是处与你证明，不是处与你铲却。"师曰：

"我初至盐官，见上堂举色空义，得个入处。"头曰："此去三十年，切忌举著。"曰："又见洞山过水偈曰：'切忌从他觅，迢迢与我疏。渠今正是我，我今不是渠。'"头曰："若与么，自救也未彻在。"师又曰："后问德山：'从上宗乘中事，学人还有分也无？'德山打一棒曰：'道甚么！'我当时如桶底脱落相似。"头喝曰："你不闻道，从门入者不是家珍。"师曰："他后如何即是？"头曰："他后若欲播扬大教，一一从自己胸襟中流出，将来与我盖天盖地去。"师于言下大悟，便作礼起，连声叫曰："师兄，今日始是鳌山成道。"

（《五灯会元·卷七》）

岩头与雪峰铲却了什么？又证明了什么？"一一从自己胸襟中流出，将来与我盖天盖地去。"此即"天真而妙"欤？此为迷、为悟欤？均不相涉。然其间时节因缘，却也寂然昭著。雪峰未安稳时，不敢自肯，不敢以少得为足，乃有鳌山成道之功。其后门人开云门、法眼二宗，其功亦伟矣。

（十）宗趣

今有顿渐，缘立宗趣。宗趣分矣，即是规矩。宗通趣极，真常流注。

宗者，家也，归也；趣者，取也，至也。宗趣合称，言何以归至其家也。此宗趣即申明曹洞之家法也，故洞山郑重拈出，以示其宗人。直而言之，宗趣缘何而立？因人有顿渐，未能立地证菩提，佛祖以大悲故，因而设立之。

六祖云："本来正教，无有顿渐，人性自有利钝。迷人渐修，悟人顿契。识自本心，见自本性，即无差别，所以立顿渐之假名。"顿渐既是假名，自性又无差别，故人人皆可自悟而得解脱。然人有万殊，情识各别，因缘时节，各各不同，安能尽随指而知月哉！故必广设方便，善为接引，以待来机。初悟之人，自受用尚可，他受用未熟，接人度众，未免生涩。洞山既为一方祖师，自当为其儿孙留下典范，故将平生心得熔为一炉，而立此曹洞之宗趣，俾今后世儿孙手脚宽裕，于法无碍也。

曹洞之宗趣何在！此《宝镜三昧》即宗趣也。宗趣即总纲，对己对人，悟前悟后，皆有凭据。其法推衍开来，则有君臣、偏正、明暗、背触、敲唱、挟带、回互等种种规矩，其后还有"三渗漏"等权实以待来人。

此处当知，非"宗通"无以"趣极"，非"趣极"无以"宗通"。通宗，顿也；极趣，渐也。然顿渐又非有二也，要当人之时节因缘契而会之。此中规矩，非大机大用者无以尽之，须有常流注而不滞之真如涌出方能荷担。反之，其人果能"宗通趣极"，其真如即可常流且注，磅礴无碍矣。

若人尚未到此地步，万莫自是，须当精进不怠。若透得出，得大自在，此宗趣亦为多语。恰如过河须用船，若已过河，船即无用矣。其后尚有来者，此船虽于己无用，然菩萨用心，安能弃船而绝他人之渡哉！且船无人舵之亦为无用，故尚须亲与把舵渡人，方为菩萨。《宝镜三昧》之宗趣、规矩仍在，且千年矣。是船也，无人把其舵，其宗趣、规矩亦死方耳。故宗通趣极，真常流注其在人乎？古德云："道在得人，人能弘道。"当今修持佛法者，于此当留意焉。

今于曹洞之宗趣，举其紧要之处：

> 师（洞山）又曰："末法时代，人多乾慧。若要辨验真伪，有三种渗漏。一曰见渗漏：机不离位，堕在毒海。二曰情渗漏：滞在向背，见处偏枯。三曰语渗漏：究妙失宗，机昧始终，浊智流转。"
>
> （《五灯会元·卷十三》）

此为"三渗漏"，洞山还有"向、奉、功、共功、功功"之说，见下：

> 上堂："向时作么生？奉时作么生？功时作么生？共功时作么生？功功时作么生？"僧问："如何是向？"师曰："吃饭时作么生？"曰："如何是奉？"师曰："背时作么生？"曰："如何是功？"师曰：

"放下钁头时作么生？"曰："如何是共功？"师曰："不得色。"曰："如何是功功？"师曰："不共。"

（《五灯会元·卷十三》）

再看曹山：

师（曹山）因僧问"五位君臣"旨诀，师曰："正位即空界，本来无物。偏位即色界，有万象形。正中偏者，背理就事。偏中正者，舍事入理。兼带者，冥应众缘，不堕诸有，非染非净，非正非偏，故曰虚玄大道，无著真宗。从上先德，推此一位，最为玄妙，当详审辩明。君为正位，臣为偏位。臣向君是偏中正，君视臣是正中偏，君臣道合是兼带语。"曰："如何是君？"师曰："妙德尊环宇，高明朗太虚。"曰："如何是臣？"师曰："灵机弘圣道，真智利群生。"曰："如何是臣向君？"师曰："不堕诸异趣，凝情望圣容。"曰："如何是君视臣？"师曰："妙容虽不动，光烛本无偏。"曰："如何是君臣道合？"师曰："混然无内外，和融上下平。"师又曰："以君臣偏正言者，不欲犯中，故臣称君，不敢斥言是也。此吾法宗要。"乃作偈曰："学者先须识自宗，莫将真际杂顽空。妙明体尽知伤触，力在逢缘不借中。出语直教烧不著，潜行须与古人同。无身有事超歧路，无事无身落始终。"复作五相：●，偈曰："白衣须拜相，此事不为奇。积代簪缨者，休言落魄时。"◑，偈曰："子时当正位，明正在君臣。未离兜率界，乌鸡雪上行。"☉，偈曰："焰里寒冰结，杨花九月飞。泥牛吼水面，木马逐风嘶。"○，偈曰："王宫初降日，玉兔不能离。未得无功旨，人天何太迟。"●，偈曰："浑然藏理事，朕兆卒难明。威音王未晓，弥勒岂惺惺。"

（《五灯会元·卷十三》）

曹山尚有"四种堕"、"四禁偈"等，均为曹洞宗趣要旨。其接人功用如：

僧问："五位对宾时如何？"师（曹山）曰："汝即今问那个

位？"曰："某甲从偏位中来，请师向正位中接。"师曰："不接。"曰："为甚么不接？"师曰："恐落偏位中去。"师却问僧："祇如不接是对宾？不对宾？"曰："早是对宾了也。"师曰："如是，如是。"

（《五灯会元·卷十三》）

此公案与前元实之公案，可见曹洞五位接人之一般作略，与临济之"四宾主"、"四照用"、"四料简"等有异曲同工之妙。《人天眼目》中"曹洞门庭"曰：

曹洞宗者，家风细密，言行相应。随机利物，就语接人。看他来处，忽有偏中认正者，忽有正中认偏者，忽有兼带，忽同忽异。示以偏正五位、四宾主、功勋五位、君臣五位、王子五位、内外绍等事。偏正五位者：正中偏者，体起用也；偏中正者，用归体也；兼中至者，体用并至也；兼中到者，体用俱泯也。四宾主不同临济。主中宾，体中用也；宾中主，用中体也；宾中宾，用中用，头上安头也；主中主，物我双忘，人法俱泯，不涉正偏位也。功勋五位者，明参学功位，至于非功位也。君臣五位者，明有为无为也。王子五位者，明内绍本自圆成，外绍有终有始也。大约曹洞家风，不过体用偏正宾主，以明向上一路。要见曹洞么？佛祖未生空劫外，正偏不落有无机。

（《人天眼目·卷三》）

因明曹洞宗趣纲要，故以上之举不厌其多。今曹洞衰微已久，国内殊乏龙象，故细列之以待有心者也。

（十一）权用

外寂中摇，系驹伏鼠。先圣悲之，为法檀度。随其颠倒，以缁为素。颠倒想灭，肯心自许。

知权不知用，非权也。权非实，无权则无以显实，是权中有实，其用大矣。

能从师学道者，其善根因缘亦深厚矣，然无始以来烦恼集聚，自非一日之可能廓清，是当以宗趣接引之。山河大地，日月星辰，俱寂然示人。耳目所触，无非菩提。然烦恼于中动摇，则难以契会矣。或有行者，参禅打坐，貌似清寂，而心中烦恼妄想，未曾一刻少息。不得已，故以系驹伏鼠之法摄伏其心。虽然，驹不忘驰，首蹄不安，虽系之亦不忘驰；鼠不忘偷，齿爪蠢动，以笼囚之亦不忘偷。此对治之法或一时有效，然如石压草，未及根本。先圣悲之，为法檀度，令其摇心安稳，驰心归静，偷心得泯。此法度者何？即前之规矩也。此种种规矩，不外随其颠倒妄想而分其黑白，变以缡素，而再颠倒之，即所谓"转"也。然菩提般若人人本具，非从"转"而有得也，必因"转"而得明也，是谓权用。

前面所引公案中，如云岩、洞山、雪峰、香严等（此数则公案不再引用）均有"未安稳在"之时，而不敢自肯自许，必经"悬崖撒手"，"绝后再苏"之境，方得彻底豁然。未能正己，焉能正人。佛法不是小道，安可自欺欺人哉！

（十二）宗教

> 要合古辙，请观前古。佛道垂成，十劫观树。如虎之缺，如马之骉。以有下劣，宝几珍御。以有惊异，狸奴白牯。羿以巧力，射中百步。箭锋相直，巧力何预。

宗者，佛心是也；教者，佛说是也。必先有佛心而后有佛说。然佛之心量无限，而佛之说有限。经云："佛所说法，如恒沙之一粒，而未说之法，如大千恒沙。"禅宗者，教外别传，直指人心之事也。归其本，实乃无法之法，无用之用。虽有古辙，亦为之不行。石头云："宁可永世受沉沦，不向诸佛求解脱。"赵州云："有佛前不得住，无佛前急走过。"慈明云："无佛处成佛。"均道出此境。

《法华》云："有大通智胜佛，十小劫跏趺坐，身心不动，而佛法犹不现前。诸天花雨供养，过十小劫，诸佛之法乃现在前，成阿耨多罗三藐三菩提。"宴坐十小劫，谓之垂成，而彼佛先曾修五百四十亿那由他劫，此天文数字之年代也。教下修持，咸言成佛须三大阿僧祇劫。

禅宗不尔，乃反其道而行之。佛与众生本无差别，自心本来是佛，现在即佛，何须修持，何待三大阿僧祇劫？故只问当下之迷悟，而不计其他。当下顿悟，立地成佛；当下迷惑，不得解脱，是以有三大阿僧祇劫。只此当下顿超之事，敢否承当而已。故百丈云："劫者，滞也，亦云住也。住一善而滞于十善。西国云佛，此土云觉。自己鉴觉，滞著于善。善根人无佛性，故云佛法不现前，不得成佛道。"百丈之旨深矣。

关于虎缺，古谣云："虎之伤人一度，耳生一缺，伤人愈多，耳如锯齿。"骍者，马之后左足白，且离地也。左尚吉，古以为道德之验。虎缺马骍，俱言其渐也。

《法华》云："佛为一大事因缘，应现世间。"所谓大事因缘者，欲令一切众生，开示悟入佛之知见也。此经开权显实，开迹显本，会三乘为一乘，要在自悟悟他，且立地成佛也。佛祖教人，皆为此大事，故开示悟入必矣。禅宗为上乘根器者说，为勇猛精进者说。故不循故辙，不依古道，处处皆是解脱门，念念俱是菩提心。来者之意如何，自抉择可也。

三藏经论，佛祖之说亦广矣、悉矣。为有情有识者说，为无情无识者说，为非有情非无情，非有识非无识者说。权说实说，正说反说，直说曲说，说而不说，不说而说，尽皆随缘而发，三界普超，六道咸度。为下者说上，为上者说下；为凡者说圣，为圣者说凡；为苦者说乐，为乐者说苦，尘尘刹刹，无穷无尽。然皆回互照用之方便，而引导其自悟也。"以有下劣，宝几珍御。以有惊异，貍奴白牯"，皆此之喻也。

人之自性本自清净，与佛无别，一念返照即得解脱。但人情浊杂，识性偏执，皆曲折往返，不肯直道而行。譬如射箭，锋的之间，一线之直而已，箭锋直往，则中的矣，与巧力何干？说巧者，去其多余无用之力也。若箭出如蛇行，吾不知的在何方矣。修道之人亦复如是。六祖云："何期自性，本自清净；何期自性，本不生灭；何期自性，本自具足；何期自性，本无动摇；何期自性，能生万法。"六祖所言，处处不离自性，何尝令人于自性之外而别生增减哉！此禅宗之根本大法，亦显亦密，即是平常心，亦为如来藏，亦是祖师禅，修行者其省之。

故教外别传者，不为他事，唯示之以直道而已，故曰直指人心。是以无法之法，无用之用，无心之心示之。不即一法，不舍一法。宗与教何殊何同？若同，千圣不一义；若别，万圣同此心。

佛法传布中国，至洞山时已近千载，堂堂皇皇，巍哉伟哉。而信者溺于神异，行者耻于殊荣。禅宗起，切于时弊，而倡导"平常心是道"，"异类中行"。如马祖云："著衣吃饭，长养圣胎。任运过时，更有何事？"南泉云："道个如如早已变了也，今时师僧须向异类中行。"此类公案亦多见于"灯录"之中。如：

> （南泉）上堂："王老师卖身去也，还有人买么？"一僧出曰："某甲买。"师曰："不作贵，不作贱，汝作么生买？"僧无对……
> 师（南泉）将顺世，第一座问："和尚百年后向甚么处去？"师曰："山下作一头水牯牛去。"座曰："某甲随和尚去，还得也无？"师曰："汝若随我，即须衔取一茎草来。"

> （《五灯会元·卷三》）

此类公案不少，一是破学人好圣求异之心，二是自净其好圣求异之心，用心良苦。此风一开，后世禅人多以牧牛为修行之喻，洋洋而可观矣。

（十三）入化

> 木人方歌，石女起舞。非情识到，宁容思虑。

古德云："山河大地皆识所变现。"又云："大人者，与天地万物为一体。"见性之人，分别思维息，平等性智开，大圆镜智显，四智同具。此时亦分别，亦无分别，般若如意而行。己已成佛，一切众生，有情无情悉皆成佛。正是："人逢喜事精神爽，耳目所触尽是春。"非唯己之烦恼化为菩提，一切众生烦恼亦皆化为菩提。此不可思议境地，非唯"木人方歌，石女起舞"，乃至一切有情无情，过去未来，十方上下，皆同时宣唱佛法。四祖云："境缘无好丑，好丑起于心。"有如是之情识，必有如是之境遇。一念烦恼，一切境皆化为烦恼；一念菩提，一切境皆化为菩提。智者大师"一念三千"之说，贤首大师"境智一如"之说，皆标明此境。然此境实非情识之所能到，更非思虑之所能得，必"言语道断，心行处灭"方得以契之。此即《金刚经》所云"不应住色生心，不应住声香味触法生心"也。

入此境甚难，入此境亦甚易。若人发大菩提心，遇大善知识，锲而不舍，因缘得合，必有豁然之时，若自甘沉溺，或耽于小道末技，则难见花开之日矣。兹举如下公案：

> 僧问（忠国师）："如何是古佛心？"国师曰："墙壁瓦砾是。"僧曰："墙壁瓦砾，岂不是无情？"国师曰："是。"僧曰："还解说法否？"国师曰："常说炽然，说无间歇。"僧曰："某甲为甚么不闻？"国师曰："汝自不闻，不可妨他闻者也。"僧曰："未审甚么人得闻？"国师曰："诸圣得闻。"僧曰："和尚还闻否？"国师曰："我不闻。"僧曰："和尚既不闻，争知无情解说法？"国师曰："赖我不闻，我若闻，则齐于诸圣，汝即不闻我说法也。"僧曰："恁么则众生无分去也。"国师曰："我为众生说，不为诸圣说。"僧曰："众生闻后如何？"国师曰："即非众生。"僧曰："无情说法，据何典教？"国师曰："灼然，言不该典，非君子之所谈。汝岂不见《华严经》云：'刹说，众生说，三世一切说。'"
>
> （《五灯会元·卷十三》）

此即著名的"无情说法"公案，洞山曾于此起疑，先参沩山未就，后参云岩得明，当时有偈云："也大奇，也大奇，无情说法不思议。若将耳听终难会，眼处闻时始得知。"此后"无情说法"为禅家广为提持，如：

> 僧问香严："如何是道？"严曰："枯木里龙吟。"曰："如何是道中人？"严曰："髑髅里眼睛。"僧不领，乃问石霜："如何是枯木里

龙吟?"霜曰:"犹带喜在。"曰:"如何是髑髅里眼睛?"霜曰:"犹带识在。"又不领,乃问师（曹山）,曰:"如何是枯木里龙吟?"师曰:"血脉不断。"曰:"如何是髑髅里眼睛?"师曰:"乾不尽。"曰:"未审还有得闻者么?"师曰:"尽大地未有一人不闻。"曰:"未审枯木里龙吟是何章句?"师曰:"不知是何章句,闻者皆丧。"遂示偈曰:"枯木龙吟真见道,髑髅无识眼初明。喜识尽时消息尽,当人那辨浊中清。"

（《五灯会元·卷十三》）

此两则公案,为"木人方歌,石女起舞。非情识到,宁容思虑"之最贴切注脚,识么?

（十四）护持

臣奉于君,子顺于父。不顺非孝,不奉非辅。

洞山之《宝镜三昧》,权说实说,皆为申其宗趣也。今又以君臣父子之道郑重嘱咐,视其道至正至大,不可以儿戏视之也。洞山、曹山二祖,于君臣之道,所说已见前述,即偏正五位、君臣五位也。以五位观君臣,"君为正位,臣为偏位"。君者,"妙德尊寰宇,高明朗太虚"也。臣者,"灵机弘圣道,真智利群生"也。然无臣则无君,无君亦无臣,故须"兼带",使其"君臣道合",曹山称"兼带"为"虚玄大道,无著真宗",且"最为玄妙"。故此"臣奉于君,子顺于父"亦兼带也、回互也。行道不失其宗者,必兼带回互也。

虽然,五位之说多矣,任其万变,臣须奉于君,子须顺于父。只此脚跟一稳,临机致用自无碍矣。再者,洞山于此重申君臣五位乃《宝镜三昧》总纲,嘱其子孙奉之,顺之,如是修,如是行,否则即非孝非辅矣。三者,此《宝镜三昧》乃曹洞之宗旨,家法在焉,后人必当奉顺,切忌乱攀门庭,坏我规矩,否则非我儿孙。曹洞得此护持,方延绵至今欤?

护持之道大矣,修行佛法,在家者必守三皈五戒,三皈五戒即护持。进而沙弥十戒、比丘二百五十余戒，皆为其修行之护持也。无护持，其道则入鬼域，安可入大道之堂奥。

禅宗于中唐后，一花五叶，故有沩仰、临济、曹洞、云门、法眼诸宗并秀；教下之天台、华严、唯识、净土、密、律诸宗，均各有其立宗之门庭规矩，以接引学人。是条条大路皆通长安也，修行者亦不必率天下而路之，择与己有缘而行之可也。既入其室，必当守其教，安可无规矩哉。前引吉祥元实公案，其师惜其"奈不识宗旨何"，乃方便接引，使之"密契奥旨"。是以百川虽同归于海，仍须泾渭分明，江河有别。

宋代大慧宗杲禅师，大宗匠也，十七落发受具，虽少年亦知有宗门中事。遍阅诸家语录，尝疑五家宗派原初只是一个达摩，甚处有许多门庭。及其遍参尊宿，发明大事，始信有这般事。

（十五）到家

　　潜行密用，如愚若鲁。但能相续，名主中主。

到家者，大事了也，辛苦万劫，终到家也，岂不乐哉！然大事何以为了？了犹未了。到家之人方能四海为家处处家，所谓"路途即家舍，家舍即路途"欤！虽为无事之人，却承担大千世界；虽已成佛作祖，却随六道而轮回。经云："菩萨未成佛时，以菩提为烦恼。菩萨成佛时，以烦恼为菩提。何以故？以第一义不二故。"不舍世间，所以为佛，不断烦恼，所以为佛。佛者，实非泥塑木雕而居巍巍庙堂者也；佛者，实处六道轮回之中而与众生共沉浮者也。是以潜行密用、若愚若鲁、大顺大化而不见其迹，同其尘，和其光也。地藏云："地狱不空，誓不成佛。"石头云："宁可永世受沉沦，不向诸佛求解脱。"均标明此境。世人以其惑心观佛，诬佛甚矣。然佛虽处轮回之中，却有涅槃之安；虽处烦恼之中，而有菩提之明。若佛均住净土，此世间何人救护。是以经云："众生为成佛之种子。"

我辈学人，以佛心为心，以佛行为行。于无上大道，即当当体而行，所行即道。潜行密用，即道行也。潜行，则可贱可贵，可隐可显，而人不知其迹；密用，则可上可下，可方可圆，而人莫能窥其方。何耶？以其无形无相也。当愚则愚，当智则智；当鲁则鲁，当文则文，而无以辨其踪。当人一经见道，人天仰慕，功德福德，不可算计。然皆舍弃不用，俗人观之，愚且鲁也。虽然，万劫成灰，我于众生实无一点功德。六度万行，只在当念行之，度之；度之，行之。无过去，无现在，无未来，只有一慈悲心与众生。是故不续而续，续而不续。如是之人，则是三世诸佛，同声赞叹；天魔外道，俯首归依；百万人天中，是主中主矣。

此不可思议境也，修持《宝镜三昧》，无上佛法之归宗也。无如是之修行，安可有如是之功行、如是之境界哉。下亦举公案明之：

> 牛头法融禅师，初居牛头山幽栖寺北岩之石室，有百鸟衔花之异。唐贞观中，四祖遥观气象，知彼山有奇异之人，乃躬身寻访……（为说法要，法融奉教而行，鸟不衔花，灵异不现，自下山）躬负米一石八斗，朝往暮还，供僧三百，二时不阙。
>
> （《五灯会元·卷二》）

牛头得法后，若愚若鲁矣，其中潜行密用，谁能识之。古之大德如牛头者亦多矣。今有人者，稍有殊能，唯恐其不尊荣，去道远矣，奈祖师何！再如：

> （洞山）问僧：“名甚么？”曰：“某甲。”师曰：“阿那个是阇梨主人公？”曰：“见祇对次。”师曰：“苦哉，苦哉！今时人例皆如此，只认得驴前马后的，将为自己。佛法平沉，此之是也。宾中主尚未分，如何辨得主中主？”僧便问：“如何是主中主？”师曰：“阇梨自道取。”僧曰：“某甲道得，即是宾中主，如何是主中主？”师曰：“恁么道即易，相续也大难。”
>
> （《五灯会元·卷十三》）

“恁么道即易，相续也大难。”只此一语，可使三千众退席。何以故？身语意三业一体，眼耳鼻八识一如，于过去现在未来不动。处处圆满，念念菩提。于斯人也，旷劫难逢，岂非大难。然佛祖灯灯相传，一灯能破千年暗，今有百千万亿灯遍照世界，我在甚么处，知么？

　　高峰原妙禅师（宋元间之大德也），初参雪岩，雪岩打出。一再往，方得亲近。一日雪岩忽问曰："阿谁与你拖个死尸来？"声未绝便打。如是者不知其几，师叩愈虔……后入参堂半月，偶梦中忽忆断桥禅师室中所举"万法归一，一归何处"话，疑情顿发，三昼夜目不交睫。一日少林忌，随众诣三塔讽经次，抬头忽睹五祖演真赞云："百年三万六千朝，反复原来是这汉。"蓦然打破拖死尸之疑……一日雪岩问："日间浩浩时，还作得主么？"师曰："作得主。"又问："睡梦中时，作得主么？"师曰："作得主。"又问："正睡着时，无梦无想，无见无闻，主在甚么处？"师无语。雪岩曰："从今日去，也不要汝学佛学法，也不要汝穷古穷今。但只饥来吃饭困来打眠。才眠觉来，却抖擞精神：我这一觉，主人公毕竟在甚么地方安身立命？"……师奋志入临安，自誓曰："拼一生作个痴呆汉，决要这一著子明白。"越五载，因同宿友推枕堕地有声，廓然大彻。自谓如泗州见大圣，远客还故乡。原来只是旧时人，不改旧时行履处。

（《高峰原妙禅师行状》）

　　此则公案，甚有层次，且波澜无穷。观唐宋之时，禅门师僧，或有言下而悟者，或有闻声而悟者，或有触物而悟者……其悟之先，曲折如高峰者多矣。灯录之中，往往仅举其悟时因缘，而省其精进之劳苦，是以后学误以为言下大悟，何须许多周折。实证实悟非同儿戏，观云岩先依百丈二十年，后参南泉，归药山，其间几多曲折。香严亦先依百丈，后依沩山，其间又几多曲折，望学者省之。

七、日用提撕
——油盐酱醋皆是禅

《宝镜三昧》是曹洞宗的根本大法，也融会了禅宗其他宗派的许多方法作略，为了有较准确的表述，笔者当时使用了较为平白的古文，并使用了相当的禅宗惯用术语。这对一般的读者而言，有一定的难度。但对熟悉禅宗典故的人来说，自然不费力气。

当然，《宝镜三昧》的绝大多数内容和作用，都在于"日用提撕"。"日用提撕"有两层含义：一是针对悟前，二是针对悟后。大慧宗杲禅师教人参话头时的那个"时时提撕"，当然指的是悟前；马祖、百丈教人"牧牛"，当然指的是悟后。下面逐一介绍。

（一）众里寻他千百度

禅宗功夫，最难把握，明心见性，非同儿戏。南岳怀让禅师对六祖自呈心得时说："说似一物即不中。"五祖法演禅师对圆悟克勤说："描也描不成，画也画不就。"许多禅师在开悟后常说："不知说个什么。"有一位禅师还说："我当时如在灯影里行。"悟了尚且如此，何况未悟，真是："上穷碧落下黄泉，两处茫茫皆不见。"

对禅宗的开悟而言，追求不行，不追求也不行，在这个夹缝里过日子真不是滋味。但对于参禅的人来说，这是一等一的大事，当然得倾毕生的心血精力，力求破关斩将。如大慧宗杲在给其弟子妙诠的信中说：

> 衲子参禅，要明心地；秀才读书，须当及第。读书五车而不及

第，终身只是个秀才，唤作官人即错；参禅衲子心地不明，则不能了生死大事，终身只是个破凡夫，唤作佛则错。只这两错，实有恁么事，实无恁么事。言实有，则读书人及第做官者，时时见之；言实无，则参禅人作佛未尝目击。以此易彼，八两半斤耳……

（《大慧宗杲禅师语录》）

大慧宗杲禅师深知其中的利害，也深知其中的矛盾，更知其中的机栝，关键在于日用功夫。所以在他浩瀚的著述中，有关机锋转语、行棒行喝的并不多（他的老师圆悟佛果克勤禅师也一样），讲得最多的就是"日用提撕"——日用功夫。下面再欣赏他的文章：

答楼枢密

不识别后日用应缘处，不被外境所夺否？视堆案之文，能拨置否？与物相遇时，能动转否？住寂静处，不妄想否？体究个事，无杂念否？故黄面老子（即佛）有言："心不妄取过去法，亦不贪著过去事，不于现在有所住，了达三世悉空寂。"过去事或善或恶，不须思量，思量则障道矣；未来事不须计较，计较则狂乱矣；现在事到面前，或逆或顺，亦不须著意，著意则扰方寸矣。但一切临时随机酬酢，自然合著这个道理。逆境界易打，顺境界难打。逆我意者，只消一个忍字，定省少时便过了；顺境界直是无你回避处，如磁石与铁相偶，彼此不觉合作一处。无情之物尚尔，况现行无明，全身在里许作活计者。当此境界，若无智慧，不觉不知被他引入罗网，却向里许要求出路，不亦难乎？……

日用功夫，前书已葛藤不少，但只依旧不变不动，物来则与之酬酢，自然物我一如矣。古德云："放旷任其去处，静鉴觉其源流。语证则不可示人，说理则非证不了。"自证自得处，拈出呈似人不得，唯亲证亲得者，略露目前些子，彼此便默默相契矣。示谕：自此不被人谩，不错用功夫矣。大概已正，把柄已得，如善牧牛者索头常在手中，争得犯人稼苗。蓦地放却索头，鼻孔无捞摸处，平田浅草，一任纵横。慈明（楚圆）老人所谓："四方放去休拦遏，八面无拘任意游，要收只在索头拨。"未能如是，当紧把索头，且与顺摩抒，淹浸功夫既熟，自然不著用意堤防矣。功夫不可急，急则躁动；又不可缓，缓则昏怛矣，忘怀著意俱磋过。譬如掷剑挥空，莫论及之不及。昔严阳尊者问赵州，一物不将来时如何，州云放下著……严阳于言下大悟。又有僧问古德："学人奈何不得时如何？"古德云："老僧亦奈何不得。"僧云："学人在学地，故是奈何不得，和尚是大善知识，为甚么亦奈何不得？"古德云："我若奈何得，则便拈却尔这不奈何。"僧于言下大悟。二僧悟处，即是楼枢密迷处；楼枢密疑处，即二僧问处。法从分别生，还从分别灭；灭诸分别法，是法无生灭……

（《大慧宗杲禅师语录》）

大慧宗杲禅师这一席话极有教益，对悟前悟后的功夫都有说明，而且细致周到，与一般公案那种大写意不同，因其入世出世都有所细说，所以可以作为"心理分析"这门学科来对照自己。枢密的官职，相当于现在的总参谋长，地位是如此的显赫。大慧宗杲的学生，有南宋名将张浚及其母亲，名臣张九成等数十人之多，连理学大师朱熹，都爱读其语录而受到极大的启发。就现在而言，那些处于顺境或逆境的公务员、实业家，若能细读这篇文章，想必会受到极大的启示，必然会提高自己的心理素质和工作能力，以投入到各种复杂的工作之中，争取到光明的前景。

从大慧宗杲的这篇文章中，可以看到参禅之不易。"衲子参禅，要明心地；秀才读书，须当及第。"无怪各大丛林的禅堂都挂有这样的偈子：

> 十方同聚会，个个学无为。
> 此是选佛场，心空及第归。

但是"心空及第"谈何容易，前面所介绍的那位高峰原妙禅师的经历，可谓得之不易。孟子说："生于忧患，死于安乐。"所以在逆境中追求，意义比顺境中的追求大得多，也容易得多。能在顺境中有所追求，并能达到目的的，大概是"福报殊胜"的菩萨应世吧！许多人对禅的追求，的确达到了"众里寻他千百度"、"为伊消得人憔悴"的程度。在寺庙丛林中，百十位僧人，大多倾毕生之力也找不到入头处；在社会上，那些士大夫、高级知识分子本来就"聪睿达识"，先天素质好，作点禅诗禅文也惟妙惟肖，但大多也未必有个入处。如白居易、苏东坡、黄庭坚等，哪一个不是"兼天地清纯灵秀之气"，但从他们的历程来看，只有一个"难"啊！下面我们看那位号称"佛眼"的龙门清运禅师的公案：

> 舒州龙门清远佛眼禅师，临邛李氏子。严正寡言，十四圆具，依毗尼，究其说。因读《法华经》，至"是法非思量分别之所能解"，持以问讲师，讲师莫能答。师叹曰："义学名相，非所以了生死大事。"遂卷衣南游，造舒州太平演禅师（即五祖法演）法席。因丐于庐州，偶雨足跌仆地，烦懑间，闻二人交相恶骂，谏者曰："你犹自烦恼在。"师于言下有省。及归，凡有所问，（法）演即曰："我不如你，你自会得好。"或曰："我不会，我不如你。"师愈疑，遂咨决于元礼首座。礼乃以手引师之耳，绕围炉数匝，且行且语曰："你自会得好。"师曰："有冀开发，乃尔相戏耶？"礼曰："你他后悟去，方知今日曲折耳。"太平（五祖法演）将迁海会（寺），师慨然曰："吾持钵方归，复参随往一荒院，安能究决己事耶？"遂作偈告辞，之蒋山坐夏。邂逅灵源禅师，日益厚善，从容言话间，师曰："比见都下一尊宿语句，似有缘。"灵源曰："演公天下第一等宗师，何故舍而事远游？所谓有缘者，盖知解之师与公初心相应耳。"师从所勉，迳趋海会（寺），后命典谒。适寒夜孤坐，拨炉见火一豆许，恍然自喜曰："深深拨，有些子；平生事，只如此。"遽起阅几上《传灯录》，至"破灶堕因缘"，忽大悟，作偈曰："刀刀林鸟啼，被衣终夜坐。拨火悟平生，穷神归破堕。事皎人自迷，曲淡谁能和？念之永不忘，开门少人过。"圆悟（克勤）因诣其寮，举"青林般土话"验之，且谓："古今无人出得，你如何会？"

师曰："也有甚难。"悟曰："只如他道'铁轮天子，寰中旨意'，作么生？"师曰："我道帝释宫中放赦书。"悟退语人曰："且喜远兄便有活人句也。"自是隐居四面（山）大中庵。属天下一新，崇宁万寿寺，舒（州）守王公涣之命师开法，次补龙门，道望大振，后迁和（州）之褒禅（山）。枢密邓公洵武奏赐师号紫衣。

（《五灯会元·卷十九》）

参禅不易，先如唐代云岩、香严，后如宋元高峰，都经千辛万苦，十年廿载方得究竟，如龙门佛眼禅师，也是费了若干周折，这一切，正应了辛稼轩《青玉案》中所描绘的："众里寻他千百度，蓦然回首，那人却在，灯火阑珊处。"

（二）知识、修行、生活三部曲

就禅宗而言，人类的社会知识、佛教知识当然是必需的、重要的。但是，若要在禅宗上去追求"明心见性，顿悟成佛"，则又必须"言语道断，心行处灭"，对原有的知识，包括作为知识之源的认识活动作一番扬弃。道家的老子尚且说过："为学日益，为道日损。"何况禅宗？另一方面，"为道日损，损之又损，以至于无为"是渐进的过程，而禅宗则强调顿悟。

佛教认为，知识并不等于修行，因为知识的拥有与先天的素质分不开，很难超越先天素质——业力的限制，所以强调修行，以改造这个先天的禀赋。在佛教内，不论小乘大乘，不论四禅八定或六度波罗蜜，都属于修行的范畴。一个人若能如法修行，那就绝对能对人的先天素质进行改造，并能改变现世的命运乃至"后世"的命运。

禅宗认为，佛教的修行是人的一种特殊生活方式，还不是普遍的生活方式。如戒定慧之学，若不纳于全部生活和工作之中，仅仅在于寺庙或蒲团之上，那么这样的修行未免狭隘。永嘉禅师说："行亦禅，坐亦禅，语默动静体安然。""诸佛法身入我性，我性同共如来合。"这就是禅宗所说的"打成一片"。自我与自我"打成一片"，"十二时中不即不离"，除了生活、工作，除了"吃喝拉撒睡"之外，还有什么能占据这一切的心灵和时光呢？刻意的修行，必然在思想行为中划分出修行与非修行的界限，守戒的人有戒与非戒的分别，守定的人有入定和出定的差异，修慧的人有进与退的疑难。只有把修行纳入生活，把禅修纳入生活，若未悟，那一切时都是用功的好时候；若已悟，那一切时都是涵养保任的好时候；若彻悟，那一切时都是度人的因缘时节。所以只有生活，才是修行的最高层次，才是禅修的妙高峰。

前面多次提到马祖"著衣吃饭，长养圣胎。任运过时，更有何事"的教法，就是要求禅僧们把禅修纳入生活的轨道。"饥来吃饭困来眠"，保持这样的平常心，去掉种种"希圣求异"之心，才能达到这种雍容平和的生活禅境。大慧宗杲说："茶时饭时，静时动时，公事酬酢时，妻儿聚首时，一切一切时，无不是用功的好时候。"人们又何必把修行的课程订得过于死板呢！

马祖在南岳怀让禅师那里得法后，被僧俗迎请到江西开元寺说法。怀让禅师见他长久没有消息，就派人去探询，并说："当他上堂说法时，你就问他近来怎样过日子，注意，要把他的回答如实转告我。"那人如教而行，询问马祖，马祖的回答是："自胡乱后，三十年不曾少盐酱。"怀让禅师对他的回答极其满意。"不曾少盐酱"，绝不是马祖游戏之言，而是他禅风的必然。后来百丈禅师创立丛林制度，提倡"农禅"，把寺庙专门的念经坐禅，转化为劳动和生活，这样才把那个"打成一片"的禅修理想变成禅修的实践，并且与"打成一片"打成一片。对此，只有那些有极高成就的禅师才看到了这一点。如前面介绍过的沩山与仰山两位大师，是真正做到了百丈禅师"一日不作，一日不食"教训的。刚烈如临济，也常在寺庙周围种松树，黄檗禅师问他忙什么，他说："一与山门作境致，二与后人作标榜。""与后人作标榜"是禅宗教化的主题，与大自然融为一体，与生活打成一片，是禅师生活的旋律。这种生活中的禅趣，可以说是禅修的最高境界，远非那些"神通"可以比拟。这类故事，在禅宗内真是太多了，不妨多引几例看看。

道吾在药山禅师那里得法后，有一次药山问他："今天你到哪儿去了？"道吾说："我游山去了。"药山说："不离此室，速道，速道！"道吾从容不迫地说:"山上鸟儿头似雪,涧底鱼儿忙不彻。"

石霜庆诸在沩山禅师那儿时当粮库的头儿。一天他筛米时,沩山对他说:"这是施主们供养庙上的,不能抛撒啊。"石霜说:"这我知道,我是不敢有所抛撒的。"沩山在周围转了转,在地上拾起一粒米,对他说:"你说不抛撒,这是什么?"石霜回答不出,他尚没有达到上面道吾的那个境界,所以对沩山的"接引"不开窍。这则公案,表面上是对一事一物的珍惜,但锋芒所指的却是:"这是什么?"我们面对任何事物,都存在着物我这层关系。"这是什么?"是我、是物?或非我、非物?这是贯穿在全部生活中的问题,只有禅,只有在生活中的禅,才能把这两者有机紧密地结合在一起。

圆悟佛果克勤禅师与大慧宗杲禅师两师徒是宋代禅风为之一变的重要人物,这里抄录一篇佛果给大慧的亲笔信,看看二位大师之间的"私房话"。

> 杲衲子根性猛利,负笈海上,遍访宗匠,受知于旧相无尽公(即张商英),深器重之。负俊迈之气,不肯碌碌小了。标诚相从,一言投机,顿脱向来羁鞅。虽未倒底领略,要是昂藏不受人抑勒快汉。原其所自,盖由傅公殿撰发渠本因,遂冒严凝,暂之咸平,来告行,且乞法语,予因示之:衲子当痛以死生为事务,消知见解碍,彻证佛祖所传付大因缘。勿好名闻,退步就实,俟行解道德充实,愈潜遁而愈不可匿,诸圣天龙将推出人尔。况以岁月淹练琢磨,待如钟在扣,如谷应声,如精金出万煅炉冶,万世不易。万年一念,向上巴鼻在掌握中,草偃风行,岂不绰绰然有余裕哉!仍持此纸似傅翁,相与作证,履践贵长久不变耶。

> (《圆悟心要》)

英姿天聪如大慧宗杲禅师,其"履践"尚要"贵长久不变",尚要"以岁月,淹练琢磨",何况中下资质之人。火候在哪里?那就要涵养得"如钟在叩",随叩即响;"如谷应声",随声而荡;也如百炼之"精金",方可"万世不易"。到了这样的境界,自然与"天地万物为一体"

了。不用去"打"，自然而然地与天地万物、人生宇宙融合为一，自然"成一片"了。佛果克勤在大慧宗杲"大悟"之后，还关照他"日用提撕"之事，可见参禅养禅，非此不足以彻底了断，非此不足以"万年一念，向上巴鼻在掌握中"，非此不足以"绰绰然有余裕哉"！

在生活中，禅是举目可见的，如唐代石霜庆诸在道吾禅师那里参学时，有次他问："什么是触目菩提？"道吾没有理他，却叫小沙弥去给供奉菩萨的净瓶换水。过了一会儿，道吾问石霜："你刚才问什么呢？"石霜正准备重说一遍，而道吾禅师却转身走了。这一下，石霜庆诸就有所省悟。这是禅宗"问在答处"的现身说法，不是用语言，而是用行为来表达的。这一切都是菩提，并且让石霜"耳目所触"了。这么明白，石霜当然应有所省悟。再如清平令遵在翠微禅师那里参学，平常很用功。有一次翠微对他说："等会儿无人时，我向你传授无上佛法。"清平等了一会儿，看四周无人，对翠微说："师父，现在没有人了，您老告诉我吧！"翠微却一言不发，把他带进花园。清平又说："这里更清静了，您老该传法了吧！"翠微禅师于是拉着他的手，指着几枝竹子说："你看，这枝竹子长一些，那枝竹子短一些。"这时，清平忽然领悟了禅的奥义。

还有芙蓉灵训在归宗智常禅师那儿参学"毕业"时，向归宗告别。归宗禅师说："你在这儿多年了，学习也差不多了，可以外出传法了。不过还有最根本的一点我还没有向你交代，你先去收拾行装，然后我再跟你说吧。"芙蓉收拾完毕，恭恭敬敬走到老师跟前。归宗禅师语重心长地对他说："现在正是三九严寒的时节，在路途上千万要保重自己的身体啊！"芙蓉听到这里，立刻把自己以往学习、开悟后所得到的各种认识和境界全都放下了，如同严阳尊者在赵州那里一样。

禅是生活，或把生活禅化，是彻底解脱和自在的一种表露。禅宗认为，修行尚在路途中，尚落窠臼之中，只有在生活中参禅和悟禅，只有在参悟后投入生活，才是"本色衲子"。

记得当年"上山下乡"，笔者插队于江油崇华，著名的海灯法师恰好也被"发配原籍"，也是前生有缘，笔者自然成了海灯法师的常客，并有幸成为法师的学生。海灯法师不仅武术极高，佛法修为也是令人咂舌的——他修的是苦行，一天二十小时都被分布在各种法事、劳作和武术的操练上，既要自修，还要带学生，生活又极其清苦，非眼目亲睹，并数年相处，真不敢相信有如此的生活。虽在"文化大革命"之中，海灯法师仍敢给我们讲授佛法，言谈又极为幽默风趣，极有吸引力和感染力。

有一次我向他请教《坛经》，法师说："六祖是因五祖为他讲授《金刚经》而开悟的，《金刚经》里讲：'不应住色生心，不应住声香味触法生心，应无所住而生其心。'六祖是在这里开悟的。既然不住于色声香味触法，就不能只停留在分别思维上、书本上、哲学上去理会——那就成了住法生心了，不行。要在生活中，劳动中，一切一切的事情中，要在眼耳所触、身心所受中去达到那个'无所住'。你们怕苦怕累，拿起扁担怕重了，抓起粪筐怕臭了，摸着锄头怕累了，端起饭碗嫌差了，好逸恶劳，好高骛远，拈轻怕重，好名好利好色，处处都在生心，眼耳鼻舌身意无处不动，对色声香味触法时时计较，哪里能领会得了《金刚经》的法义，哪里领会得了六祖大师悟的境界。你们爱读书，爱读佛经，是好事，但要如法修行，要在修行中去领会，要把修行放在二十四小时中，劳动、吃饭、睡觉都是有法可依的，不能开小差。所以古人有每天规定自己做一万件事情的。我自己每天就差不多要做一万件事，当然还不止——你们不要以为太多了，是吹牛皮。不，心不离事，事不离心，心不就事，事不分心，这里是有火候的。只要每天脚不停，手不住，心不闭，口不空，处处都是事，而且都是法事，哪里止一万件。若能做得到，我担保你们日后会有所成就的。"

在这里回味海灯法师的这番话，的确说得太高明实在了，在当时，哪里理会得了如此深的意义呢？海灯法师所说的这一切，恰好是禅门日用提撕之事，如能在这一切事物中"生无所住心"，用仰山禅师的话说："悟则不无，争奈落在第二头。"用沩山禅师的话说："悟与不悟是两头语。"1989年，笔者参叩乐至报国寺的百岁高僧离欲上人，离欲上人说："什么是佛法，修行就是法，不修行就没法。正法住于修行之中，十二时中念念不失，事事不失，即住正法。一起妄念，就堕入鬼域；一落懈怠，就是畜生。我这里只说'行'，不与人论见闻觉知。"

这些老法师，的确是把修行贯注在生活之中，"念念不失，事事不失"。这对学佛法、学禅宗的人，无疑是有启示的。

（三）也谈"寻思"

本光老法师在其《临济禅初探》"临济禅的顿悟功行和其他宗派的比较"一节中，有如下之说：

临济大悟公案，正式开端了激箭似的禅道，具足冲锋陷阵、夺关斩将的勇猛顿悟意乐。狠辩了因，穷追实际，撩起便行，动人心弦……

沩仰宗开堂说法早于诸家。沩山曾说："研究至理，以悟为则。"仰山所谓："悟则不无，怎奈落在第二头。"不悟则不到，悟了又落第二，说明此事实在难构。沩山教仰山："以思无思之妙，返思灵焰之无穷。思尽还源，性相常住，事理不二，真佛如如。"仰山于言下顿悟，此即随于"寻思"的言说，刨入顿悟的极境。仰山教人："能思者是心，所思者是境，彼处楼台亭苑人马骈阗，汝反思的还有许多般也无？"僧于言下有省。此即谛听"寻思"的言说，靠近顿悟初门。沩、仰这样开示学人，显然即以"寻思"为功行要著，借"寻思的方便而触发顿悟也"……

石头、药山一系的曹洞宗，亦着重以寻思触发顿悟。如洞山问云岩："百年后忽有人问，还邈得师真否？如何祗对？"岩良久，曰："只这是。"山乃沉吟（自起寻思），岩曰："价阇梨，承担个事，大须仔细。"（教其寻思）山犹涉疑（自己寻思），后因过水睹影，大悟前旨。此即为由寻思逐次锐进，徐徐触发之顿悟也。此宗以为顿悟贵在知"有"，不一定即在明大法实际，彻法源底。临济禅非此，大事一了，何须知"有"？曹洞宗顿悟知"有"了，即趋重保任。但保任亦多分在"寻思"中保任，须回互照知、正偏回互才为保任。曹洞宗首倡偏正五位与展开五位功勋禅道，重点在于寻思鉴照，节节推进顿悟，围绕着"机贵回互"之旨。实际上，回互乃"寻思"发展的高级类型。以临济禅衡量，只是顿悟功行中的一种分析，不是禅功上的一种动力。若落在依样画葫芦上，便堕在"相似禅"中去……

本光法师在后面论及了云门、法眼两家有关"寻思"之说后，总结说：

> 临济大悟公案，显于逼拶念头的顿悟功行。逼拶非寻思，正反对寻思。寻思所摄的寻思、回互、回机、定念等一类顿悟功行，实与逼拶不类。故临济禅的顿悟功行，实高过禅宗其他诸宗。然诸家顿悟功行可废欤？嗜味不齐，百味乃应。历练禅道犹患少，焉得废！

本光老法师于上之说，的确老到深刻，因本光法师之禅本源于临济宗，故对诸家略有抑意，不过对于"逼拶"和"寻思"的判别，灼有见地。愚意认为，"逼拶"和"寻思"其实是不二的，一是武火，一是文火，"寻思"即体现在功行中的"日用提撕"上。不论禅宗内哪一宗派，包括临济宗在内，许多大师无不有"寻思"的持久功行；没有这样"渐"的功行，逼拶乃至顿悟只是一句空话。若以六祖大师大悟因缘来看，五祖为其讲《金刚经》，其过程中岂无"寻思"，而六祖大悟也并未用上"逼拶"。所以禅宗内的方法是活的，是多方面的，因人而异的。用本光老法师的话说："历练禅道犹患其少，焉得废。"而本光老法师提倡的"培养顿悟意乐"，本身就是一种"寻思"过程。"寻思"就是"日用提撕"，禅宗内的五宗七家，其宗人不论悟前悟后，这一功行都是贯注于全部禅生活之中的；离开了这样的"日用提撕"，还有什么禅宗呢？参禅参禅，一个"参"字，就足以体现其中的意义。再如话头禅的"看话头"，一个"看"字，也足以体现其中的意义。还有"念佛禅"，包括净土宗的念佛，一个"念"字，也足以体现其中的意义。在社会生活工作中，干一门，精一门，精从哪儿来，从熟练来，熟练熟练，也就是"日用提撕"。青年男女的热恋，真可谓念兹在兹，可以说是"日用提撕"最贴切的比喻，以这种精神状态参禅，用赵州老和尚的话说，你能这样用功二三十年，"若不会，截取老僧头去"。所以，对"日用提撕"的这个"寻思"——当然是"向上一路"上的"寻思"，本身就包括了目的和方法，本身就包括了体、相、用三者。久练自熟，熟能生巧，巧能创新。功夫做到这一步，还怕开悟不了吗？

赵州从谂禅师有个"十二时歌"，就是指导人们在"十二时"的"日用"中如何去"提撕"的。以后有不少的禅师都追赵州之风，作了各种各样的"十二时歌"，但都不如赵州禅师的淡泊真实，抄录如下：

> 鸡鸣丑，愁见起来还漏逗，裙子褊衫个也无，袈裟形相些些有。裩无腰，裤无口，头上青灰三五斗。比望修行利济人，谁知变作不唧溜。

> 平旦寅，荒村破院实难论。解斋粥米全无粒，空对闲窗与隙尘。唯雀噪，勿人亲，独坐时闻落叶频。谁道出家憎爱断，思量不觉泪沾巾。

> 日出卯，清净却翻为烦恼。有为功德被尘幔，无限田地未曾扫。攒眉多，称心少，叵耐东村黑黄老。供利不曾将得来，放驴吃我堂前草。

> 食时辰，烟火徒劳望四邻。馒头䭔子前年别，今日思量空嚥津。持念少，嗟叹频，一百家中无善人。来者只道觅茶吃，不得茶噇去又嗔。

> 禺中巳，削发谁知到如此？无端被请作村僧，屈辱饥凄受欲死。胡张三，黑李四，恭敬不曾生些子。适来忽尔到门头，唯道借茶兼借纸。

> 日南午，茶饭轮还无定度。行却南家到北家，果至北家不推注。苦沙盐，大麦醋，蜀黍米饭䬾莴苣。唯称供养不等闲，和尚道心须坚固。

> 日昳未，这回不践光阴地。曾闻一饱忘百饥，今日老僧身便是。不习禅，不论义，铺个破席日里睡。想料上方兜率天，也无如

此日炙背。

晡时申，也有烧香礼拜人。五个老婆三个瘿，一双面子黑皱皱。油麻茶，实是珍，金刚不用苦张筋。愿我来年蚕麦熟，罗睺罗儿与一文。

日入酉，除却荒凉更何守？云水高流定委无，历寺沙弥镇常有。出格言，不到口，枉续牟尼子孙后。一条拄杖粗棘藜，不但登山兼打狗。

黄昏戌，独坐一间空暗室。阳焰灯光永不逢，眼前纯是金州漆。钟不闻，虚度日，唯闻老鼠闹啾唧。凭何更得有心情，思量念个波罗蜜。

人定亥，门前明月谁人爱？向里唯愁卧去时，勿个衣裳著甚盖？刘维那，赵五戒，口头说善甚奇怪。任你山僧囊罄空，问着都缘总不会。

半夜子，心境何曾得暂止。思量天下出家人，似我住持能有几？土榻床，破芦席，老榆木枕全无被。尊像不烧安息香，灰里唯闻牛粪气。

（《古尊宿语录·卷十四》）

有不少人认为，这"十二时歌"卑屑不堪，绝非赵州所作。笔者认为，若无缘故，《古尊宿语录》绝不会将此收入。而且《古尊宿语录》成书于宋代，去赵州之时不远，且撰者亦有法眼，绝不会误收。这个《十二时歌》，是山乡穷僻寺庙生活的真实写照，也是一般僧人生活和精神状态的真实写照。而这一切，恰好是"用功的最好时机"。能在这样的情境中时时"提撕"，自然得有功用。如果寺庙生活如一般人所想象的那样，那只要出家，个个都是菩萨了，修行和参禅还有什么必要呢？从另一个角度讲，禅宗内有这样一种公认的过程，即悟前山是山，水是水；悟时山不是山，水不是水；悟后山还是山，水还是水。用高峰原妙禅师开悟后的话来说："原来只是旧时人，不改旧时行履处。"所以，这个"十二时歌"的辛酸苦涩，恰好是悟前悟后"寻思"、"提撕"的药罐子。美化了的、文彩化的禅生活是不实的。"禅悦为食"的境界，也绝非士大夫们所描绘的那样"极乐","烦恼即菩提，菩提即烦恼"，只看一边都是错的。那么，赵州这个"十二时歌"该如何去看呢?

在这部小册子里，许多公案都浸润着"日用提撕"的精神，所以就用不着再重加引用了。总之，"日用提撕"作为禅宗"寻思"以导入开悟是必不可少的；作为悟后的护持、保任，也是绝不可少的。所以不论悟前悟后，都有一个"修"字贯穿其中。用教下的道理来讲，悟只是"见所断烦恼"，而"修所断烦恼"，则离不开"修"，离不开这个"日用提撕"。

八、诗文禅风

——文字禅欣赏

　　禅宗虽然一直以"不立文字"自许，但自滥觞以来，何尝离开过文字。以六祖大师的《坛经》而言，文字也从最初的万余字，逐渐扩充到今天所见到的两万多字。尽管一些禅师在说法时不许门人记录，但恰恰是这类"不许记录"的文字最多，而且最妙。如苏东坡的知己佛印禅师追述云门文偃禅师时说："云门和尚说法如云，绝不喜人记录其语，见之必骂，逐曰：'汝口不用，反记我语，他时定贩卖我去。'今对机室中录，皆香林、明教以纸为衣，随所闻，即书之。后世学者渔猎文字语言中，正如吹网欲满，非愚即狂，可叹也。"（慧洪《林间录》）

　　禅师说法是口语，随口而出，应机而发，原无定准。如果刻舟求剑、守株待兔，显然离禅十万八千里了。但禅宗毕竟仍然是一种文化现象，而且是一种高级的文化现象，那些对文化有高层次追求的知识分子，自然不会放过这些"热点新闻"和"热点镜头"，自然会把它记录和流传下来。而那些禅师们，生活在以诗书礼乐传世的中国这块土文化高度发达的土地上，他们自然免不了有其相应的文化创作。而喜好禅宗的士大夫们，则更以此为养命之源。所以"不立文字"的禅宗，其文化特色反而比其他重视文化的宗派强烈得多，这真是矛盾的喜剧。

　　前面我们看到的赵州那个"十二时歌"，后来仿效的不知有几百家，宋代的"牧牛歌"后来也不知又有几百家。这些只是个别题目，而宋以来禅师的上堂"法语"，许多都是精彩别致的诗文，何况他们专门的书信诗文。在与士大夫的诗文唱和中，又把文字禅推向了一个高峰。这里有两重关系：一是禅师们以出家人"身居世外"的身份和心情的创作，一是士大夫们以在家人"身居庙堂"的身份和心情的创作。至于禅宗内的评唱，如《颂古联珠》中所收集的，恐怕比《全唐诗》少不了多少，如包括未收集的，恐怕还会超过。何况《全唐诗》中，禅诗类的分量还相当重。另外，如云门宗雪窦重显禅师的"颂古百则"和在此基础上再创作的圆悟克勤的《碧岩录》等还有若干。所以"诗文禅风"作为这本小册子的一个章节，篇幅实在太小。现在以"禅与诗"为题的专著不知出了多少本，这小小一个章节之中，能说出一些什么内容呢？也不妨，各说各，川菜就应有川菜的滋味嘛！

（一）禅诗"一线观"
——五祖法演禅诗品析

1991年，笔者曾拟作《禅诗三百六十五首品析》，完成了二百余首时，因故搁笔，未能完稿，在这里，正好从中摘选部分以充实这部小册子，作为枯燥文章的调味。"引言"中所引的那首《赵州问庵主颂》就是其中之一。下面来看五祖法演禅师一些别开生面的诗偈：

因斋上堂偈

不寒不暖喜春游，士女倾心结预修。

自觉一生如梦幻，始知百发类浮沤。

子规啼处真消息，芍药开时野兴幽。

此个门风谁会得，等闲白却少年头。

品析：禅师们的诗偈真是太多了，比某些职业诗人的还多。士女们供寺庙一堂斋饭时，老和尚也会上堂说法，并有诗偈应酬。

清明时节，不寒不暖，草幽花香，乾坤间生机最盛。在这个时候，老和尚却以"梦幻"、"浮沤"之类来警省世人。是的，修道悟道，必须得个"真消息"，不可须臾有懈怠之心，这就是禅宗的"门风"。

"莫等闲，白了少年头，空悲切。"这是南宋名将岳飞那首著名的

《满江红》中的一句。五祖法演禅师八十余岁时去世，时当1104年，也就是宋徽宗即位第四年的那个建中靖国四年。岳飞遇害于1141年，也就是宋高宗绍兴七年，《满江红》比法演禅师晚了两代，这一前一后，句子几乎完全一样，想来岳飞少年时对五祖法演的法语也较为熟悉。这并非怪事，当时的文化风气就是这样的，岳飞的"老领导"宗泽、李纲都与圆悟克勤"有缘"，其"战友"张浚还是圆悟克勤的学生，南宋这批著名将相对禅宗都有所好，所以对圆悟克勤（圆悟禅师的"圆悟"两字，还是宋高宗御笔亲封的呢）的老师当然不会陌生。

话说回来，"等闲白却少年头"，不论出家修行或入世建功立业，都是"闲"不得的，勤奋是不会辜负人的。

到兴化上堂偈

洞里无云别有天，桃花似锦柳如烟。

仙家不解论冬夏，石烂松枯不记年。

品析：这是法演禅师应邀到庐山兴化寺说法时顺口道出的一首诗偈，清雅绝尘，意境玄远。但禅诗往往不同于一般的山水诗、田园诗和游仙诗，这里有"正话反说"的机锋暗寓其中。"仙家不解论冬夏，石烂松枯不记年"，看似是对超然世外生活的赞誉，其实是对不问世事、隐居修行的批评。因为真正的禅师，是要扫除这种爱恋和贪著心理的。当然，不说这些，这首诗摆在书房和客堂中，其韵味依然是感人的；从另一个角度来说，也可以激发人们的"出世心"，这首诗妙就妙在两头俱到。

咸淡偈

有盐曰咸，无盐曰淡。

太平闻说，口似匾担。

品析：这是法演禅师在舒州太平禅院上堂时所说的一个偈子，所以以"太平"自称。前面有"油盐酱醋皆是禅"的章节，这里又多了一个论证。禅师的妙处，就在于日常生活之中，随手抓一样东西都有禅趣让学人感受。

有盐则咸，无盐则淡，这是谁都明白的道理。这样真实的感受，是用不着去证明和争论的——禅，同样是用不着去证明和争论的。若要加以证明，彼此争论，那就隔山隔水了。所以在这个地方，那些禅师们的舌头，个个都如同扁担一样硬了——还有什么可说的呢？

前面曾介绍云岩禅师初见药山时的那段公案，药山问云岩，百丈那里有哪些特别的语言，云岩说，百丈常说有一"百味具足"的句子。药山说："咸则咸味，淡则淡味，不咸不淡是常味。作么生是百味具足的句？"当时云岩回答不出个所以然。如以法演禅师这个偈子来回答药山，能过关吗？

谢典座上堂偈

变生作熟虽然易，众口调合转见难。

咸淡若知个中味，自然饥饱不相干。

品析：生活中的哲理俯拾皆是，禅机同样俯拾皆是，就看人们能否入"味"？"典座"是寺庙的厨房总管，为大家做一顿饭是很容易的，但能让口味各别的人都吃得满意就是难事了。肚子满满的人，面对山珍海味也吃不下去；饥肠辘辘的人，一碗野菜也会吃得挺香。

曾过当年"粮食关"，在今天又有"牛肉烧饼二锅头"日子的中年人，对此应是熟悉的。但是，到底什么是"真味"？与"饥饱不相干"的那个"味"又是什么呢？法演禅师这里当然是在说禅，谁又能"参"得其中之"味"呢？

邑中升座偈

白云相送出山来，满眼红尘拨不开。

莫谓城中无好事，一尘一刹一楼台。

品析：这是境界极高的偈颂。出家人要修行，自然得躲避万丈"红尘"，所以步入深山修道。"时时勤拂拭，勿使惹尘埃"，可以说是每个修行者的座右铭。但真正的禅师则更上层楼，"本来无一物，何处惹尘埃?"就在这"拨不开"的"红尘"之中,就是自己修行的道场啊!"一尘一刹"——既是尘世,也是净土,更是自己修行成道的楼台!

颂马祖"日面佛,月面佛"偈

丫鬟女子画蛾眉,鸾镜台前语似痴。
自说玉颜难比并,却来架前著罗衣。

品析:马祖当年病重时,寺院的院主来问安,并探询"尊候如何"。马祖回答说:"日面佛,月面佛。"这也是面对"腊月三十日"的转语。日面佛寿万劫,月面佛寿只一日,这是什么意思呢?许多参禅的都解不开其中之谜。而法演禅师这首偈颂,生动地道出了其中的韵味。

宋代以来,以"艳诗"入禅已成为风气,法演禅师就是其中最著名的一位。一位妙龄少女把自己打扮起来,面对镜子顾影自怜,认为自己是天下最美的——僧人们对道的追求,与少女们对美的追求,心情不是一样的吗?成佛就是天下最美的人嘛!没有一番"语似痴"的诚信,没有那番工整的自我打扮,如何能使自己"美"得起来呢?修行难道不是如此吗?这里可以看到禅师的慧眼与手段。

时间是连续性和间断性的统一,而且是我们这个"心"的功能之一。若把心放在时间的连续性上,就是"日面佛";若放在时间的间断性上,就是"月面佛",这实际是禅宗对"生灭法"的另一种表达,关键在于你能把这两者统一在一起吗!

上堂偈

庭开金菊宿根生,来雁新闻一两声。
昨夜七峰牵老兴,千思万想到天明。

品析:这首诗,还有法演禅师其他一些诗句,若不加注明,放在《唐诗三百首》中,其韵味亦不稍让。春情秋思,人之常情,但必须知情达意者方韵唱得妙。禅师的情怀,既与常人同,又与常人异,这个"千思万想",想的是什么呢?原来是"昨夜七峰牵老兴",舒州白云山的七峰是法演禅师多年的"道伴",白云山是他芒鞋拄杖常游之处。但如果人老了，秋霜又来了，还能如壮年那样不避崎岖、常来常往吗？

与能表白起丧偈

今朝正当三月八，送殡之人且听说。
君看陌上桃花红，尽是离人眼里血。

品析："能表白"应为"能裱白"，是白云山海会堂修补经书字画的僧人，去世后，法演禅师为他做了一堂法事，并作了这首偈子送他。在"起丧"仪式上，法演禅师说："本是你送我，今朝我送你。生死是寻常，推倒又扶起。"表现出他们之间的友谊和禅师对生死的自在。"君看陌上桃花红，尽是离人眼里血。"这不是世人的哀怨。禅宗强调"物物上显，头头上明"这种心境的"不共"，这里的"禅眼"又在什么地方呢？

拟云送信禅者作丐

春晴触石欲高飞，皖伯台前度翠微。
本自无心为雨露，何曾有意泄天机。
风雷倚势声光远，草木乘阴色泽肥。
莫谓功成空聚散，岩房潜约几时归？

品析：僧人离开寺庙外出行脚，身上不名一文，一衣一钵，乞化度日，是谓"作丐"。在春夏之交，还晴乍雨之时，法演禅师以云为喻，送别了"作丐"的信禅者。云者，聚散无形，可为雨露，可为霜雪，可为溪泉，可为湖海，无根无本，无居无所，任运自在，比水还多几分灵动。故参禅之人，多以云水观心。法演禅师这里对云作了雅致和深寓禅机的描绘，形象地表达了一个禅者的胸襟。

送化主·其一

岩缝迸开云片片，半笼幽石半从龙。
为霖普润焦枯后，却入烟萝第一重。

品析：化主即掌管寺庙化缘的僧人。不论城里山里，为了维持香火和僧众们的生活，寺庙总会有几位专门从事化缘的僧人，各州府县地化布施。化缘并非美差，若逢善男信女还好说，若遇"僧道莫入"之家，其白眼也是令人难受的，所以外出化缘者应有相当的修养和才干，才能为寺庙化回财物，以解"焦枯"。所以寺庙对"化主"是很重视的，不然老和尚也不会亲自为之书偈礼送其出程了。你看，一丝丝、一片片的云从山岩的缝隙中逸出，有的徘徊缭绕着山岩，有的升上天宇化为云龙。在化为雨露滋润了枯焦的大地后，又亭亭袅袅，化作淡淡的轻烟，温柔地抚摸大地，抚摸人们的心……

送化主·其二

莫论人情与道情，大都物理自分明。

皖公山下长流水，今古滔滔彻底清。

品析：对那些品德高尚，只讲奉献，不计报酬的人来说，他们不仅深具人情，而且深合"道情"。对他们而言，说人情、说道情都是多余的。为什么呢？他们本来就是这样的人嘛，他们对"物"对"理"，心中明白得很，用不着老和尚再多说什么了。他们的心，如同皖公山下千年不息的溪水那样，从古至今都是清澈洁净的啊！

寄高台本禅师法兄

春山望极几千重，独自凭栏谁与同？

夜静子规知我意，一声声在翠微中。

品析：这是一首怀念道友的诗。高台本，即南岳云盖智本禅师，与法演同为白云守端禅师的弟子。

安徽淮南的白云山，与湖南的南岳衡山不知隔了多少重山山水水。禅师们虽然四大皆空，但同样承受着聚散离合的滋味，但道友之间的心意是相通的。在夜深人静之时，那老林中的子规鸟似乎也知道禅师的心情，一声声的啼唤，回荡在无际的翠微中……

寄旧知·其一

隔阔多时未是疏，结交岂在频相见。

从教山下路崎岖，万里蟾光都一片。

品析：这也是一首怀旧的诗，但与前面那首相比，笔调为之一变。上一首还有婉约之情，这一首则慷慨阔大了。"隔阔多年未是疏，结交岂在频相见"，与秦少游"两情若是久长时，又岂在朝朝暮暮"，虽同工异曲，但毫无儿女之态。路，从来是崎岖不平的，中间不知有多少山山水水。但天上高悬的明月，是不受那"崎岖"隔障的，无论天涯海角，这一片月光不是可以把一切都沟通吗？

寄旧知·其二

朔风扫尽千岩雪，枝上红梅苞欲裂。

缥缈寒云天外来，吾家此境凭谁说。

品析：这首诗真有唐人边塞诗的雄风，全然没有宋诗中常见的那种纤弱，更不像出自禅师之手笔。"朔风扫尽千岩雪"，其气势当然胜过"黑云压城城欲摧"了。"枝上红梅苞欲裂"，在如此朔劲的寒风中，反而透出了春天的生机，真是"峰回路转"的"又一村"。禅宗最重"转机"，在浸淫人们心态的各种境遇中，你知道"转"及其作用、意义吗？"缥缈寒云天外来"，这里又是什么样的心情？但禅师们的那个"心"，又向谁说得明白呢？

次韵酬吴都曹

山家旨趣最幽微，路转峰回到者稀。

一钵黄菁消永日，满头白发立玄机。

绕岩瀑布窗前落，哭月狂猿岭上飞。

自得平生观不足，那知浮世是兼非。

品析：人生的分野，在于一个"趣"字。这个"趣"，就是暗中运载和主宰命运的力量。你的"趣"在哪一"家"，你就是哪一"家"的人。禅师们的"趣"在"幽微"之间，命运也是不落红尘的，自然就"超出三界外，不在五行中"了。这样的"趣"，在一草一木之中尚且韵味无穷，更何况在大地山水之间，自然就"平生观不足"了。而世间那些荣辱得失，是是非非，与"我"有什么关系呢？当然用不着去费心劳神了。

（二）方内方外的禅诗唱和

禅，对世内世外是一视同仁的，必须"打成一片"的。同样，禅师也不会去分方内方外，有禅趣的人自然可以"侃"上几句禅诗。能作禅诗的人，并不能证明他就"明心见性"了，真正如五祖法眼禅师那样的人并不多，而五祖法演的禅诗极少为世人所知，不能说不是一种遗憾。

方内士大夫们的禅诗，苏轼（1036—1101 年）可以说是其中杰出的代表。他自号"东坡居士"，是正儿八经的佛教信徒和禅门弟子，年龄比法演禅师小十多岁，并早三年去世。下面我们通过东坡先生在禅诗上的变化，看其对禅领悟的程度。先看一首词牌名《南柯子》的词：

> 师唱谁家曲，宗风嗣阿谁？借君拍板与门槌，我也逢场作戏，莫相疑。
> 溪女方偷眼，山僧莫皱眉。却愁弥勒下生迟，不见阿婆三五，少年时。

在这首词的"序"中，苏东坡还写道："东坡守钱塘，无日不在西湖。尝携妓谒大通禅师，大通愠形于色。东坡作长短句，令妓歌之。"

苏东坡青年得志，一举成名。廷试就高中榜眼而进入翰林院。初次外放又在富甲天下的苏杭为太守，踌躇满志，不可一世。他聪明绝顶，三教融通，又调皮捣蛋。这首词，可以看到东坡先生当年的轻浮无知，这也是引起后来宦海浮沉的内在因素之一。

在佛门圣地，他以地方长官的身份，公然不顾"宗教政策"，带着一群妓女去"疯"，老和尚不高兴，他还随口填了这首《南柯子》令妓女歌唱，"却愁弥勒下生迟，不见阿婆三五，少年时"，这是何等的轻狂。"师唱谁家曲，宗风嗣阿谁？"原是禅师们往来问讯或相互勘验的惯用机锋，东坡信手拈来入词，还公开表示"逢场作戏"。这时的苏东坡，怎么能谈禅呢？所以在宋人笔记，在《三言》中记载和描写的他，绝非佛印禅师的对手。

在许多传说中，包括东坡兄弟俩的回忆中，都认为他是云门禅师法孙五祖山戒和尚的转世，上世就是大禅师，所以《三言》中才有那类描写。不过后来，东坡连遭贬迁，在庐山东林寺听了黄龙禅派东林常总禅师讲了"无情说法"的公案后，对禅有所悟入，就写了一首悟道偈子，并为常总禅师"印可"：

> 溪声便是广长舌，山色岂非清净身。
> 夜来八万四千偈，他日如何举似人。

前面对"无情说法"曾有所介绍，东坡听了这个公案有所"省悟"，这首诗偈就是他的见解。既然"无情说法"，那溪声山色都在说法，一晚上听了"八万四千偈"，其中说的什么呢？天知道，所以不知"他日如何举似人"了。

苏东坡仕途颠沛，所以对老庄禅愈加留意，极仰慕陶渊明的风节。所以他在黄州时，仿陶渊明的《归去来辞》作了一首词牌名《哨遍》的长词，以舒和其抑郁之意：

> 为米折腰，因酒弃家，口体交相累。归去来，谁不遣君归？觉从前皆非今是。露未晞，征夫指予归路，门前笑语喧童稚。嗟旧菊都荒，新松暗老，吾年今已如此。但小窗容膝闭柴扉，策杖看孤云暮鸿飞。云出无心，鸟倦知还，本非有意。
> 噫！归去来兮，我今忘我兼忘世。亲戚无浪语，琴书中有真味。步翠麓崎岖，泛溪窈窕，涓涓暗谷流春水。观草木欣荣，幽人自感，吾生行且休矣。念寓形宇内复几时，不自觉皇皇欲何之？委吾心，去留谁计。神仙知在何处？富贵非吾志。但知临水登山啸

咏，自引壶觞自醉。此生天命更何疑，且乘流，遇坎还止。

在这首词中，东坡先生的心境是复杂和矛盾的，压抑感沉重；其中的禅趣和仙风是外在的，只是调和心理时的一剂药物，尚未发挥药物的治疗作用。奇怪的是，宋词苏辛并称，辛稼轩也作了两首《哨遍》。《哨遍》在《全宋词》中并不多见，但辛稼轩的境界韵味，在同样的词作中，苏东坡是难以相比的，尽管辛稼轩当时同样处在落魄之中。今选其第二首。苏东坡是借陶渊明的《归去来辞》而发，而辛稼轩则是借庄子的《秋水篇》等而发。稼轩对禅亦有所入，陆游在送他的诗中曾有"参透南宗牧牛话"之句可作佐证。下面看他的词：

　　一壑自专，五柳笑人，晚乃归田里。问谁知，几者动之微。望飞鸿冥冥天际。论妙理，浊醪正堪长醉，从今自酿躬耕米。嗟美恶难齐，盈虚如代，天耶何必人知。试回头五十九年非，似梦里欢娱觉来悲。蘷乃怜蚿，谷亦亡羊，算来何异。

　　嘻！物讳穷时，丰狐文豹罪因皮。富贵非吾愿，皇皇乎欲何之？正万籁都沉，月明中夜，心弥万里清如水。却自觉神游，归来坐对，依稀淮岸江涘。看一时鱼鸟忘情喜，会我已忘机更忘己。又何曾，物我相视？非鱼濠上遗意，要是吾非子。但教河伯休惭海若，大小均为水耳。世间喜愠更何其，笑先生，三仕三已。

两词相比，优劣自见，苏东坡先生是生硬地把《归去来辞》放入《哨遍》的词中，而稼轩先生则是烂熟会心于庄子，并融通禅意，"会我已忘机更忘己"，"大小均为水耳"，东坡的辛酸，在稼轩这里化为豁达和幽默。东坡先生的兄弟苏辙子由，则比其兄平和沉静多了，对禅的悟入也实在一些。前面我们多次提到黄龙禅派的宝峰克文禅师（1025—1102 年），在住筠州洞山时，子由先生贬迁至此，由此而产生了一段感人的方外方内因缘。先看宝峰克文送苏辙的：

寄苏子由

遍因访祖参禅后，拙直寻常见爱稀。

有道却从人事得，无心应与世情违。

时光易变谁惊老，真趣难穷自觉微。

尤荷多才深此意，喧哗声里共忘机。

苏家这两兄弟，虽文名满天下，但仕途多蹇，累遭贬迁，失意之时，极多留心佛道。在这首诗中，洋溢着克文禅师与苏辙的友谊。"拙直寻常见爱稀"，坦诚、直率，不加修饰，但却高出了平常间客套式的推重。大道不离人间事，但也不等于世间的人情世故，所以是"有道却从人事得，无心应与世情违"。能从中自然而然地步入大道，所得到的境界就不是不问世事的那些修行者所能达到的了。这里的"真趣"是无穷的，但能从中得到"自觉"的人并不多。最后克文禅师特别推崇苏辙能从"多才"的负担中走出来，并通过了大道的"深意"，在喧哗尘世中"忘机"的那种难得的慧力和功夫。

苏轼兄弟仕途险恶，后来被扣上"元祐党人"的帽子，可以说是身陷绝境，难以翻身。宋哲宗即位时，大赦天下，苏氏兄弟曾一度被起用，克文禅师又写了一首诗送苏辙：

寄绩溪子由

达人居处乐，谁谓绩溪荒？

但得云山在，从教尘世忙。

文章三父子，德行两贤良。

却恐新天子，无容老石房。

宋哲宗虽即位，但年幼无能，太后执政，新旧党争不已，苏氏兄弟仕途莫测，克文禅师敢于写出这样的诗来送苏辙，可以说是"舍命"交知己了。"但得云山在，从教尘世忙"，对钻营于利禄的人，这样的蔑视毫不为过，那类人哪里知道"云山"的风范呢？从宋神宗到宋徽宗三代皇帝对苏氏兄弟的不遇来看，克文禅师对"新天子"也不敢抱有希望。这些纨绔皇帝会有多大的作为呢？深明世事的克文禅师心中是有数的，以后的历史也证明了他的预见。后来，苏氏兄弟虽从流放的深渊中走了出来，但仍然没有得到昭雪，东坡先生当年就病逝于路途之中，子由仍然受到冷遇，当了十年的"遗老"而去世。通过这首诗，可以看到克文禅师的风骨和对苏氏兄弟巨大的精神支持。"文章三父子，道德两贤良"，就成了后世对苏氏父子兄弟的定论和口碑。

克文禅师和苏辙的交往长达二十余年，神宗元丰年间，苏辙被贬到筠州时，就与住持于洞山的克文禅师交好，并时常虚心请教，下面这首诗生动地再现了当时的情景。

约洞山文长老夜话

山中十月定多寒，才过开炉便出山。
堂众久参缘自熟，郡人迎请怪忙还。
问公胜法须时见，邀我清谈有夜阑。
今夕房客应不睡，欲随明月到林间。

这首诗，充分体现了苏辙和克文禅师间道义相交之厚，还可以看到他们之间的亲密与随和。

克文禅师法事忙碌，山中十月也不得清闲，在寺内要为僧众们日日说法，而城中的信众们也时时前来迎请。虽然劳累，因苏辙之约，仍作通宵之谈，毫无倦意，更无烦态，从容自在，不愧是一代高僧，致使苏辙有"欲随明月到林间"的感受。

克文禅师其间曾一度游金陵，当时身为宰相的王安石听说他来了，曾"倒履相迎"，几次谈话后，"安石大悦"，把自己在南京城的公馆都布施给了克文禅师做寺庙——就是著名的保宁寺。王安石又奏请宋神宗赐克文禅师法号，神宗皇帝亲书"真净禅师"以示尊崇。在与王安石的交往中，克文禅师还无形化解了苏氏兄弟与王安石间的积怨，使王安石当政期间，没有更多地对苏氏兄弟加以迫害，这也是克文禅师的功德了。

苏氏兄弟与克文禅师相交甚久，彼此书信与诗歌往来必定不少，惜大多散失无闻。在《苏辙全集》中，与克文禅师的诗仅有两首，除上面那首外，还有：

谢洞山石台远来访别

窜逐深山无友朋，往来但有两三僧。

共游渤澥无边处，扶出须弥最上层。

未尽俗缘终引去，稍谙真际自虚澄。

坐令颠老时奔走，窃比韩公愧未能。

元丰七年九月，苏辙被调任安徽歙州绩溪县令。克文禅师和石台禅师前来相送，此诗聊表了苏辙答谢之情。

作为流放中的"犯官"，其境遇是十分艰险的，能与当时国内著名高僧交往，无疑给苏辙极大的精神鼓励，并使其从中得到升华。

渤澥即太虚，喻禅境幽微之处；须弥山，即佛教所说的六道轮回中人天共处的"娑婆世界"的另一比喻；"最上层"，苏辙与禅师交往后，感觉自己的精神如同从地狱中被解放出来，并被"扶"上了三十三天。颠老即唐代大颠禅师，韩公即指韩愈。韩愈因"谏迎佛骨"而被贬往潮州，遇大颠禅师点化而明佛教。在这里，苏辙以克文、石台等禅师比大颠，而自己则不敢以韩愈自居。可见人生无论顺逆，有一二方外之友，不失为人生幸事。

（三）略谈《碧岩录》

近些年来，国内有关禅诗的专著不少，上面章节所介绍的，内容虽单调微薄，但却是不为人们所注重，或难以看到的部分。作为本书结构之一的"诗文禅风"，也仅有一个章节，所以不可能有更多更广泛的介绍，笔者也不愿对人们广为熟悉的内容再画蛇添足。

但是，真正意义的文字禅并非禅诗可以代表，因为作为"诗"，尚不是禅宗"武库"中的"家伙"。有资格作为"宗门武库"的兵器，必须是禅宗"直指人心"的那些方法，禅宗内的偈颂虽多，只是粗铜粗铁，尚不足以达到兵器的标准。以文字禅达到这种标准的，大概只有云门宗雪窦重显禅师的"颂古百则"和以此为基础而成的《碧岩录》。

《碧岩录》在禅宗内声望极高，与《坛经》一起被称为"合璧"之作，因为其中的禅机太浓了，太"专业化"了。作者就是大名鼎鼎的圆悟佛果克勤禅师。大慧宗杲禅师对该书不以为然，认为那些参学的人如果读熟《碧岩录》，就学滑了，虽然没有开悟，但却可以产生出大量的"假冒伪劣产品"，而且难以检验，为防患于未然，大慧宗杲不顾自己老师的情面，公然一把火把刻版烧了。

大慧宗杲是多虑了，因为他看得懂《碧岩录》，其他禅僧、士大夫未必就能看懂。虽然烧了原版，有书的人正好"再版"逐利，既无"知识产权"的约束，政府也不来收税，何乐而不为呢！这一烧，反而烧出了"效应"，一时间《碧岩录》风行天下，并流行于日本和朝鲜，至今不衰。《碧岩录》又名《碧岩集》，是克勤禅师住夹山碧岩时，应门人请益雪窦重显禅师的"颂古百则"所加的"评唱"。雪窦即今浙江奉化四明山溪口的雪窦寺，重显为宋代"云门中兴"的著名大师。克勤禅师对重显的"颂古百则"有如下的评议（以下引文均见《碧岩录》）：

> 雪窦颂一百则公案，一则则焚香拈出，所以大行于世。他更会文章，透得公案，盘剥得熟，方可下笔。何故如此？龙蛇易辨，衲子难瞒。

克勤禅师这一则话，可以说是道出了"文字禅"的起因，对雪窦重显禅师（980—1052年）也是极为推重的。吾师本光老法师在其《碧岩集评述》中，曾有如下之语：

> 佛果评唱"雪窦颂古"——《碧岩集》一出，对当时影响颇大，有谓在碧岩会下亲承法音，悟入者颇多；更有谓读《碧岩集》悟入者，亦不可胜记。此处当知：闻法悟入固不易，看文字悟入更不易，有观行基础可尔。离观行（坐禅之谓）而言悟入，实非稳便也。传说佛果弟子大慧欲毁《碧岩集》版，恐学人滞在言句，障自悟门。如此则用心良苦，但未免多事。何以故？《碧岩集》不易读，奚为毁版？读不懂障碍个什么？读懂又岂有障碍？留之亦可。真个"透得公案"，盘剥得熟，不但懂得雪窦"颂古"意、佛果"评唱"意，自亦懂得公案落处。

　　本光老法师在这里对《碧岩录》的意义是讲清楚了的，百则太繁，下面我们选两则来"透"，略作一观。

　　垂示云：一机一境，一言一句，且图有个入处。好肉上剜疮，成窠成窟。大用现前，不存轨则。且图知有向上事，盖天盖地，又摸索不著。恁么也得，不恁么也得，太廉纤生；恁么也不得，不恁么也不得，太孤危生。不涉二途，如何即是？请试举看——

　　举：马大师不安。（这汉漏逗不少，带累别人去也。）院主问："和尚近日尊候如何？"（四百四病一时发，三日后不送亡僧，是好手。仁义道中。）大师云："日面佛，月面佛。"（可杀新鲜，养子之缘。）

　　马大师不安，院主问："和尚近日尊候如何？"大师云："日面佛，月面佛。"祖师若不以本分事相见，如何得此道光辉？此个公案，若知落处便独步丹霄。若不知落处，往往枯木岩前岔路去在。若是本分人到这里，须是有驱耕夫之牛、夺饥人之食的手脚，方见马大师为人处。如今多有人道"马大师接院主"，且喜没交涉。如今众中多错会，瞠眼云："在这里，左眼是日面，右眼是月面。"有什么交涉？驴年未梦见在！只管蹉过古人事。

　　只如马大师如此道，意在什么处？有的云："点平胃散一盏来。"有什么巴鼻！到这里，作么生得平稳去？所以道，向上一路，千圣不传，学者劳形，如猿捉影；只这"日面佛，月面佛"，极是难见，雪窦到此，亦是难颂。却为他见得透，用尽平生功夫指注他，诸人要见雪窦么？看取下文。

　　日面佛，月面佛，五帝三皇是何物？

　　二十年来曾苦辛，为君几下苍龙窟。

　　屈！堪述，明眼衲僧莫轻忽。

　　（此颂文中还有克勤的夹批，太繁故省。）

　　神宗皇帝在位时，自谓此颂讽国，所以不肯入藏。雪窦先拈云："日面佛，月面佛。"一拈了却，云："五帝三皇是何物？"且道他意作么生？适来已说了也，直下注他。所以道，垂钓四海，只钓狞龙，只此一句已了。后面雪窦自颂他平生所以用心参寻，"二十年来曾苦辛，为君几下苍龙窟"。似个什么？一似人入苍龙窟里取珠相似，后来打破漆桶。将谓多少奇特？元来只消将个"五帝三皇是何物"。

且道雪窦语落在什么处？须是自家退步看，方始见得他落处。岂不见，兴阳剖侍者，答远录公问："娑竭出海乾坤震，觌面相呈事若何？"剖云："金翅鸟王当宇宙，个中谁是出头人？"远云："忽遇出头，又作么生？"剖云："似鹘捉鸠君不信，髑髅前验始知真。"远云："恁么则屈节当胸退身三步。"剖云："须弥坐下乌龟子，莫待重遭点额回。"

所以三皇五帝亦是何物？人多不见雪窦意，只管道讽国，若恁么会，只是情见。此乃禅月《题公子行》云："锦衣鲜华手擘鹚，闲行气貌多轻忽。稼穑艰难总不知，五帝三皇是何物？"雪窦道："屈！堪述，明眼衲僧莫轻忽。"多少人向苍龙窟里作活计？直饶是顶门具眼，肘后有符，明眼衲僧，照破四天下，到这里也莫轻忽，须是仔细始得。

以上所引，是《碧岩录》的第三则，而且是其中不长的一则，若对禅宗公案不熟，对唐五代文学不熟，天知道其中说了些什么。欧洲人言必称希腊，行文中也多以《圣经》为成语典故，中国人没有这些文化积累，往往不知其中说了些什么。《碧岩录》所引的这一段也是如此，既有庄子，又有五代诗僧禅月大师，又有宋神宗皇帝，还有马祖不安，雪窦评唱，加上浮山远禅师与其侍者的机锋往来，看得人眼花缭乱，根本不知所云。好在前面对禅宗内部结构多有介绍，特别在五祖法眼的那首诗中，对"日面佛，月面佛"作了交代。笔者的解释，至少不会如克勤禅师在评唱中所批评的那样，"错会"、"瞎眼"。

在这一则评唱中，克勤禅师是一时"明修栈道，暗度陈仓"；一时又"围魏救赵"，一时又"层层剥剔"，总之那些人的见解全都不是。那么，什么才是呢？雪窦说："明眼衲僧莫轻忽。"而克勤说："到这里，也莫轻忽，须是仔细始得。"两位大师推得干干净净，结果谁也不说。

既然什么都没有说，那个"日面月面"又是什么呢？——你最好别再问，也用不着去知道，你若知道了，两位大师的棒子弄不好要打得你头破血流。话再说明白点，设身处世，以勤奋为要，不要成了禅月大师所讥讽的那些不知"五帝三皇为何物"的纨绔。宋神宗号称"英明"，联想到东坡兄弟的遭遇，雪窦禅师的著作不能"入藏"又算得了什么！再看一则：

　　垂示云：稳密全真，当头取证。涉流物转，直下承当。向击石火、闪电光中，坐断诸讹；于据虎头、收虎尾处，壁立千仞，则且置，放一线道，还有为人处也无？试举看——

　　举：道吾与渐源至一家吊慰，源拍棺云："生邪？死邪？"吾云："生也不道，死也不道。"源云："为甚么不道？"吾云："不道，不道。"回至中路，源云："和尚快与某甲道，若不道，打和尚去也。"吾云："打即任打，道即不道。"源便打。后道吾迁化，源到石霜，举似前话，霜曰："生也不道，死也不道。"源曰："为甚么不道？"霜云："不道，不道。"源于言下有省。源一日将锹子于法堂上，从东过西，从西过东。霜云："作什么？"源云："觅先师灵骨。"霜云："洪波浩渺，白浪滔天，觅什么先师灵骨？"（雪窦著语）云："苍天！苍天！"太原孚云："先师灵骨犹在。"（原文中还有克勤不少夹批，今省去。）

　　道吾与渐源至一家吊慰，源拍棺木云："生邪？死邪？"吾曰："生也不道，死也不道。"若向句下便入得，言下便知归，只这便是透脱生死的关键。其或未然，往往当头蹉过。看他古人行住坐卧，不妨以此事为念。才至人家吊慰，渐源便拍棺问道吾云："生邪？死邪？"道吾不移易一丝毫，对他道："生也不道，死也不道。"渐源当面蹉过，逐他语句走，更云："为甚么不道？"吾云："不道，不道。"

　　道吾可谓赤心片片，将错就错。渐源犹自不惺惺，回至中路又云："和尚快与某甲道，若不道，打和尚去也。"这汉识什么好恶！所谓好心不得好报。道吾依旧老婆心切，更向他道："打即任打，道即不道。"源便打。虽然如是，却是他赢得一筹。道吾怎么血滴滴地为他，渐源得怎么不瞥地。道吾既被他打，遂向渐源云：“汝且去，恐院中知事探得，与尔作祸。”密遣渐源出去。道吾忒杀伤慈。源后至一小院，闻行者诵《观音经》云：“应以比丘身得度者，即现比丘身而为说法。”忽然大悟，云：“我当时错怪先师。”争知此事，不在言句上。古人道：“没量大人，被语脉里转却。”有的情解道：“道吾云，不道不道，便是道了也。唤作打背斥斗，教人摸索不著。”若怎么会，作么生得平稳去？若脚踏实地，不隔一丝毫。不见七贤女游尸陀林，遂指尸问曰：“尸在这里，人在甚么处？”大姊云：“作么作么！”一众齐证无生法忍。且道有几个？千个万个，只是一个。渐源后到石霜，举前话，石霜依前云：“生也不道，死也不道。”源云：“为甚么不道？”霜云：“不道，不道。”他便悟去。一日将锹子于法堂上，从东过西，从西过东，意欲呈己见解。霜果问云：“作什么？”源云：“觅先师灵骨。”霜便截断他脚跟云：“我这里洪波浩渺，白浪滔天，觅什么先师灵骨！”他既是觅先师灵骨，石霜为什么却怎么道？到这里，若于“生也不道，死也不道”处，言下荐得，方知自始至终，全机受用。尔若作道理，拟议寻思，直是难见。渐源云：“正好著力。”看他悟后道得自然奇特，道吾一片顶骨如金色，击时作铜声。雪窦著语云：“苍天！苍天！”其意落在两边。太原孚云：“先师灵骨犹在。”自然道得稳当。这一落索，一时拈向一边，且道作么生是省要处？作么生是著力处？不见道：“一处透，千处万处一时透。”若向“不道不道”处透得去，便乃坐断天下人舌头；若透不得，也须是自参自悟，不可容易过日，可惜许时光。雪窦颂云：

兔马有角，牛羊无角，绝毫绝厘，如山如岳。

黄金灵骨今犹在，白浪滔天何处著？

无处著，只履西归曾失却。

雪窦偏会下注脚，他是云门下儿孙，凡一句中，具三句的钳锤，向难道处道破，向拨不开处拨开，去他紧要处颂出。直道“兔马有角，牛羊无角”。且道兔马为什么有角？牛羊为什么却无角？

若透得前话，始知雪窦有为人处。有者错会道："不道便是道，无句是有句，兔马无角，却道有角；牛羊有角，却道无角。"且得没交涉！殊不知，古人千变万化，现如此神通，只为打破尔这精灵鬼窟。若透得去，不消一个"了"字。"兔马有角，牛羊无角，绝毫绝厘，如山如岳"，这四句如摩尼宝珠一颗相似。雪窦浑沦地，吐在尔面前了也。末后皆是据款结案。"黄金灵骨今犹在，白浪滔天何处著"，此颂石霜与太原孚语，为什么"无处著，只履西归曾失却"？灵龟曳尾，此是雪窦转身为人处。古人道，他参活句，不参死句。既是失却，他一火为什么却竞头争？

　　一则死人公案，雪窦说了，克勤又说，并且翻来覆去地说，宋人参禅，到这里也是够啰唆的了。什么"不立文字"，"不得向语言中会取"，怎么一则公案，就费了千七八百字，克勤禅师如此，原不得已，宋代学禅的已经走入这个"精灵鬼窟"，毫无办法，所以只好以楔出楔。"生邪死邪"公案，前面章节中好在有所交代，不然在这里就更啰唆了，"兔角牛角"公案，也好在前面也有介绍，这里就避免了许多麻烦。总之，不论雪窦、克勤，两位大师说了许多，却没有说一丝道理任人领会，只是说了一个道吾禅师不为其学生说破的因由，同时讥讽了那些以为"不说就是说"等似是而非的"相似禅"。一个人若能达到"见不见"——能见他人之所不见之处；"闻不闻"——察觉他人之所不觉之处；"说不说"——能说出他人不能说出之处；"知不知"——知晓他人所不知晓之处，这样的境界，自然就与众不同了。但这个功夫从哪儿来的呢！"自己脚跟下，一段大事因缘"如何明白呢？只有自己问自己，自己去参究了。

后记

    《棒喝截流》这本小册子终于匆匆而来，匆匆而就了，笔者自己也不知道是怎样完成的。只有一条，那就是对禅宗史、禅宗公案较为熟悉，自己也用了不少时间去打"葛藤"。好在多年来在海灯法师、本光法师、贾（题韬）老、李（绪恢）老、杨（光岱）老和离欲老和尚那里耳闻不少，近年来又恭读南（怀瑾）老的若干大作。特别是当年得有一部袁老太爷（焕仙翁）的《维摩精舍》丛书；结合《五灯会元》等灯录细细琢磨，杨（光岱）老又特别加以指引，虽是常令诸老摇头，却也在"文字禅"上"吸毒成瘾"，自救不了了。

    "我当时如在灯影里行"，这本小册子，笔者就是在这样的状态下写成的。写什么？不知道。怎么写？不知道。起初的确感到难以下笔，但一旦拿起笔来，只有一个念头："必须到期交稿。"说来奇怪，一天万把字，十来天的工夫，题目也成了，纲目也成了，任务也完成了，打个呵欠，就准备"蒙头大睡"一场。至于粗俗鄙陋之处、疏漏失误之处全都放在"梦"里去加以调剂，让读者、明眼人去敲打。"易筋洗髓"虽是自己的事，他人若要帮忙，笔者也十分欢迎。

    令我感触良多的是，四川人民出版社孙旭军、黄成军、袁正平这几位先生，为这套丛书的编辑出版，投入了极大的精力和热情（还有若干套丛书，也同样如此），他们的诚挚、负责和高效率的工作作风，在国内出版界也是突出和感人的。为了中华民族文化的振兴和繁荣，他们谦恭和乐，与作者为善，为作者分忧，与作者共同在中华民族文化的土地上耕耘，在这里，对他们表示我诚挚的祝福和由衷的感谢。

写到这里，忽然回忆起当年在江油山乡与海灯法师一起的日子。那是一个初秋，听完海灯法师讲述《法华经》后，在回生产队的路上，吟得一首《玉蝴蝶慢》，抄录于此，作为本文的句号吧。

　　　竹院塑云轻落，篱边雏菊，微泛秋光。寂寞塘湾，犹散几里荷香。月初斜、彩萍归后，煎素茶、露葶邀凉。向冥荒。撒灯思易，还索亡羊。

　　　堪尝。清新芋豆，老醪肥蟹，漫酹苍黄。野笛村歌，醉时笑指雁行忙。短衫薄、泥涂轩冕，慕五柳、意气堪扬。此情长。梦中眉舞，何必仙乡。

笔　者

1995 年 4 月 18 日于成都庶矣斋

图书在版编目（CIP）数据

棒喝截流 / 冯学成 著. —北京：东方出版社，2013.10
ISBN 978-7-5060-6929-8

Ⅰ.①棒…　Ⅱ.①冯…　Ⅲ.①禅宗—通俗读物　Ⅳ.①B946.5-49

中国版本图书馆 CIP 数据核字（2013）第 239589 号

棒喝截流
（BANGHE JIELIU）

作　　者：冯学成
责任编辑：贺　方　王　萌
出　　版：东方出版社
发　　行：人民东方出版传媒有限公司
地　　址：北京市西城区北三环中路 6 号
邮政编码：100120
印　　刷：北京文昌阁彩色印刷有限责任公司
版　　次：2013 年 12 月第 1 版
印　　次：2022 年 8 月第 2 次印刷
开　　本：700 毫米×960 毫米　1/16
印　　张：12.25
字　　数：160 千字
书　　号：ISBN 978-7-5060-6929-8
定　　价：38.00 元
发行电话：(010) 85924663　85924644　85924641